D1684009

Burkhard Mangold
Ein Basler Künstlerleben

Burkhard Mangold
Ein Basler Künstlerleben

Verein Burkhard Mangold Basel (Hg.)
Christoph Merian Verlag

Inhalt

Charles Stirnimann
Prolog
6

Robert Labhardt
Burkhard Mangold
Ein Basler Zeitgenosse
22

Andrea Vokner
Ein Leben für die Kunst
Künstlerbiografie
50

Andrea Vokner
Mangold auf Schritt und Tritt
Wandbilder und Glasmalereien
58

Tilo Richter
Reklame im Stadtbild
Der Plakatkünstler
80

Isabel Zürcher
Das Bild an sich
Malerei und Grafik im Hinterland der Auftragsarbeiten
100

Dominique Mollet
Mangold und die Basler Fasnacht
114

Tilo Richter
Ein visueller Poet
Reklamekunst, Gebrauchsgrafik und Buchillustration
126

Marianne Wackernagel
Poetische Chiffren
Die Exlibris
144

Katharina Steffen-Mangold
Vom Grossvater begleitet
156

Stimmen zu Burkhard Mangold
162

Anhang
178

Charles Stirnimann

Prolog

Burkhard Mangold hat mit seinem künstlerischen Schaffen das Bild der Stadt Basel in der ersten Hälfte des 20. Jahrhunderts markant geprägt. Als Maler und Werbegrafiker arbeitete er in vielen Techniken der dekorativen und angewandten Kunst, so schuf er etwa Wand- und Glasgemälde, Plakate, Buchillustrationen, Kalendergrafiken und Holzschnitte. Neben den zahlreichen Aufträgen für Wandmalereien und Glasfenster, die teilweise bis heute erhalten sind, gehören zu seinem bildkünstlerischen Werk auch seine ungezählten gezeichneten, aquarellierten oder in Öl gemalten Stadtansichten Basels. Burkhard Mangold war der erste bedeutende Basler Plakatkünstler und zugleich einer der schweizerischen Pioniere dieses Metiers überhaupt.

Prolog

SEID FROH, DASS UN=
☐☐ SERE VATERSTADT
EINEN WIESCHTEN BUNDES=
☐☐☐☐ BAHNHOF HAT
UND DASS AUCH SONST
☐☐☐☐ DAS MILIEU
IN KEINER WEISE
☐☐☐ AUF DER HÖH'
SONST KÄM, IHR GROSSEN
☐ UND KLEINEN KINDER
GWISS BALD DER HEIMAT=
☐ SCHUTZ DERHINTER

GRAPH. ANSTALT. W. WASSERMANN, BASEL

ROLLSCHUHBAHN IM
TONHALLE PAVILLON ZÜRICH
GRAPH·ANSTALT·J·E·WOLFENSBERGER·ZÜRICH

KAUFT · SCHWEIZER · PAPIER

ACHETEZ · DU · PAPIER SUISSE

5

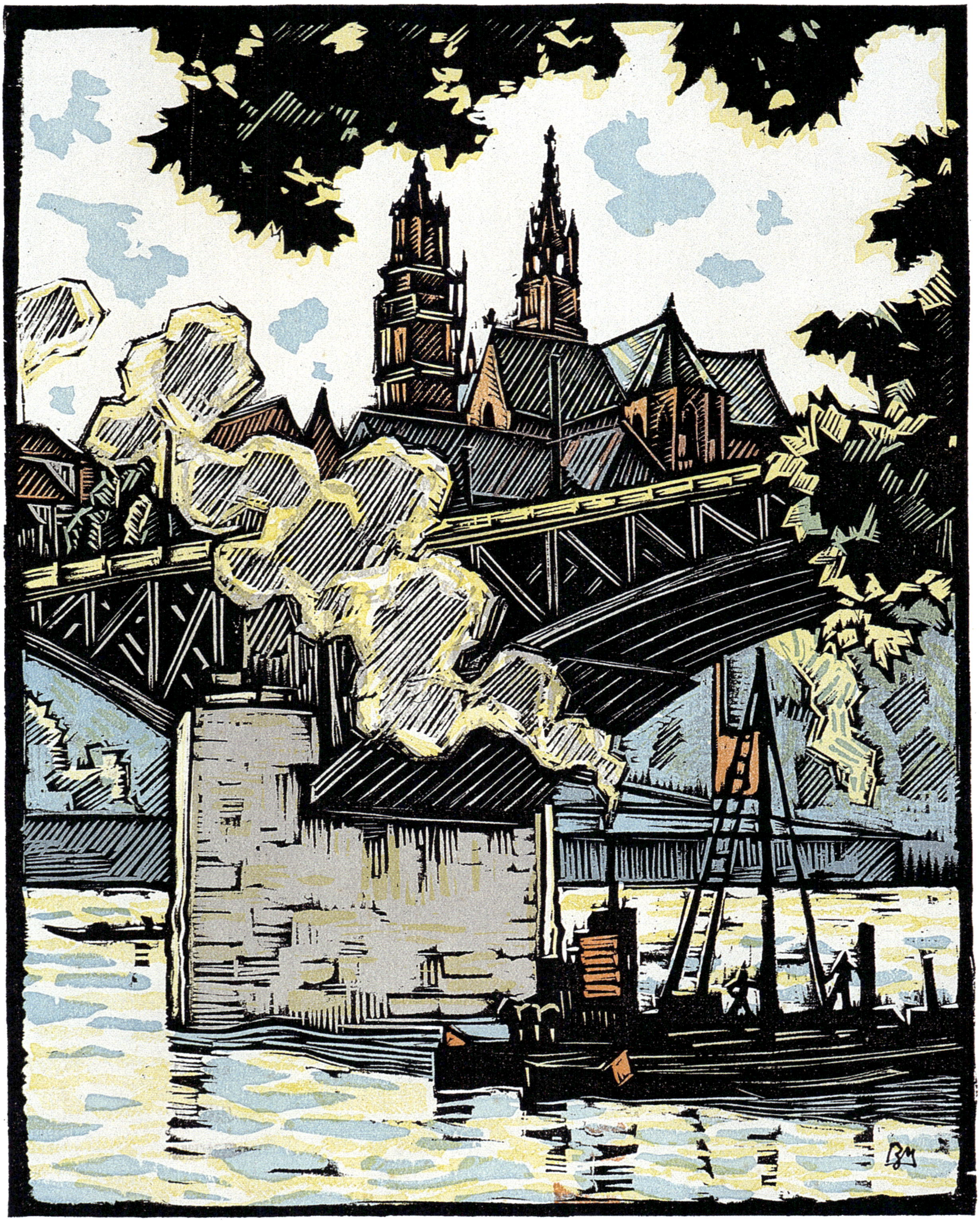

WAS · SVCHET · JHR · DEN · LE
BENDIGEN · BEI · DEN · TOTEN

1	Blick auf das verschneite Atelier hinter Mangolds Wohnhaus Bachlettenstrasse 70
2	Wandkalender für die Graphische Anstalt W. Wassermann in Basel für das Jahr 1914
3	Werbeplakat für die Rollschuhbahn im Zürcher Tonhalle-Pavillon, 1910
4	Werbemotiv für die Schweizer Papierbranche, um 1920
5	Farbholzschnitt mit einer Ansicht des Kleinhüninger Rheinhafens, im Hintergrund das markante Bernoulli-Silo in rotem Backstein, 1930
6	‹Wettsteinbrücke und Münster›, kolorierter Holzschnitt, undatiert
7	Entwurf für eine Glasmalerei, um 1920
8	Quartett-Kartenspiel ‹S' alt und 's ney Basel›, 1934 als originallithografischer Druck ‹Basler Helge № 10› erschienen

Mangolds stilistische Spannweite reichte von Neoimpressionismus und Historismus über den Jugendstil bis zum Art déco. Zudem war er als Lehrer für Lithografie und Glasmalerei prägend für die nachfolgende Generation, so etwa für den späteren Exponenten der Neuen Sachlichkeit Niklaus Stoecklin (1896–1982). Der Mittelpunkt von Mangolds Schaffen lag in Basel, daneben entstanden jedoch auch bedeutende Auftragsarbeiten in Zürich, Bern, Davos, Chur und Neuchâtel. Sein Atelier an der Bachlettenstrasse 70 ist bis heute erhalten (s. Abb. 42).

 Als Burkhard Mangold im Jahre 1900 von seinen Lehr- und Wanderjahren in Paris und München heimkehrte, überschritt Basel die Schwelle von 100 000 Einwohnerinnen und Einwohnern und war damit nach Zürich die zweite Schweizer Grossstadt. Folge der Industrialisierung war eine starke Zuwanderung von Arbeitskräften und ein beispielloser Ausbau der Infrastruktur – Wasser, Gas, Elektrizität. Neben der bereits bestehenden Eisenbahn entstanden erste Tramlinien. Die Rheinschifffahrt gewann ab 1904 rasch grosse Bedeutung, was durch die neuen Rheinhäfen St. Johann und später Kleinhüningen befördert wurde. In den Jahren des Liberalismus von 1875 bis 1905 wuchsen nicht nur Fabrikschlote, Mietskasernen und Kirchtürme in den Himmel, sondern entstanden für die Schuljugend auch eine Serie von monumentalen Schulgebäuden, regelrechten Bildungspalästen. Die alte Handels- und Industriestadt Basel wurde auch zu einer Stadt der Arbeiterschaft. Um die Jahrhundertwende gehörten grosse Feste und Festspiele zu den wichtigen gesellschaftlichen Ereignissen mit nachhaltiger sozialer Integrations- und Repräsentationswirkung: das St. Jakobsfest, seit 1891 die Bundesfeier, die ‹Basler

Vereinigungsfeier› von 1892 sowie 1901 das Jubiläum ‹400 Jahre Basel in der Eidgenossenschaft›.

Eine integrative Wirkung entfaltete auch die Fasnacht. Sie erlebte nach dem Ersten Weltkrieg einen nachhaltigen Aufschwung und wirkte als städtisches Fest auch für die früher abseits stehenden Milieus der Arbeiterschaft, der katholischen Diaspora und des Grossbürgertums integrierend. Diesen Aufschwung hat Mangold als Gestalter von Laternen, Larven und Kostümen engagiert mitgestaltet.

Der 1873 in Basel geborene Burkhard Mangold erhielt seine künstlerische Ausbildung zuerst an der Basler Allgemeinen Gewerbeschule und absolvierte gleichzeitig eine Lehre als Dekorationsmaler. Nach Studienjahren und kurzer Lehrtätigkeit in München, das vor dem Ersten Weltkrieg als das ‹deutsche Paris› galt, kehrte er 1900 wieder nach Basel zurück und eröffnete hier sein Atelier. Es folgte Auftrag auf Auftrag. 1901 entwarf er die Kostüme für das Festspiel zur 400-Jahr-Feier von Basels Eintritt in die Eidgenossenschaft, er illustrierte den Festführer, konzipierte den Festumzug und gestaltete die Bühnenbilder für das historische Schauspiel von Rudolf Wackernagel (1855–1925). Im Jahre 1902 erhielt Mangold einen weiteren prestigeträchtigen Auftrag, er sollte die Aula des neu errichteten Gotthelfschulhauses ausschmücken. In einer Freskenfolge stellte er Höhepunkte der Basler Vergangenheit dar, die auch Teil der Schweizer Geschichte sind (s. Abb. 56).

Anfang des 20. Jahrhunderts sah sich die Schweiz starken Spannungen ausgesetzt und durch innere wie äussere Gegensätze sogar als Nation infrage gestellt. Die vordergründigen Ursachen dafür lagen in den zahlreichen Arbeitskonflikten, in der Verschärfung des politischen und kulturellen Grabens zwischen der Deutschschweiz und der Lateinischen Schweiz während des Ersten Weltkrieges und in dem damals ausserordentlich hohen Ausländeranteil. Die tieferen Ursachen sind jedoch in der beschleunigten Modernisierung und dem radikalen Strukturwandel zu sehen, dem die Gesellschaft jener Jahre ausgesetzt war. Die damit verbundene Entfremdung bewirkte als Gegenreaktion an verschiedenen Stellen eine starke Betonung des Heimatlichen und Nationalen. Die ‹Erfindung› des 1. Augusts als Gründungsdatum und die seit 1891 auch in Form von Schauspielen und Denkmälern zelebrierte Bundesfeier bestärkten die nationale Einheit und halfen, die wirtschaftlich ins Abseits gedrängten ehemaligen Sonderbundskantone politisch in den modernen Bundesstaat einzubinden. Auf der Suche nach einem nationalen Selbstverständnis nahm sich die Bundespolitik seit dem Ende des 19. Jahrhunderts auch der Kunst an. Um die Fresken Ferdinand Hodlers im Landesmuseum Zürich, das 1898 eingeweiht wurde, entspann sich beispielsweise ein ausgedehnter und heftiger Kunststreit. Mangolds künstlerisches Schaffen wurde damals auch auf nationaler Ebene wahrgenommen: Er war 1907 bis 1910 Mitglied der Eidgenössischen Kunstkommission, die er 1909/10 präsidierte.

    Burkhard Mangold wusste um den radikalen Wandel der Gesellschaft und um die Ambivalenz der Moderne. Neben dem sauberen, frommen und festlich gekleideten bürgerlichen Basel trat auch das Basel der Rheinhäfen und der rauchenden Fabrikschlote in seine Bilder. Mangold thematisierte damals als einer der wenigen Künstler auch die Arbeitswelt selbst. Eindrücklich und bekannt sind seine zahlreichen Hafenszenen, weniger das grossformatige Ölbild ‹Die Teerarbeiter› von 1936 (heute im Kunstmuseum Basel, s. Abb. 140) oder das Bild dreier Chemiearbeiter im Sandoz-Werkraum aus der Zwischenkriegszeit (s. Abb. 34). Mangold war fasziniert vom backsteinroten Getreidesilo des bekannten Architekten Hans Bernoulli, erbaut 1923–1926. Diese ‹Kathedrale der Arbeit› setzte er mehrfach als Ikone der Moderne in Szene, sei es als Wandbild im Bahnhofbuffet oder auf einer privaten Neujahrskarte (s. Abb. 5). Anders als die Malereien von Rudolf Maeglin (1892–1971) zeigen Mangolds Darstellungen der Arbeitswelt aber nicht die Intensität der Arbeit und den Schweissgeruch auf den Baustellen und in den Chemiefabriken, sie zeugen nicht von einer erlebten Innensicht der harten Arbeitswelten der Zwischenkriegszeit. Mangold zeigt sich in seinen Bildern vielmehr als scharfsinniger Beobachter der damaligen Lebenswelt, als wacher und mitunter auch ironisch-kritischer Basler Zeitgeist.

    Burkhard Mangold war ein engagierter, nicht ideologisch denkender Bürger. Im Unterschied etwa zu seinem rechtskonservativen Malerfreund und Plakatgestalter Otto Plattner (1886–1951) besass Mangold als Künstler und Citoyen politisches Augenmass und Urteilsvermögen. Dies bewies der leidenschaftliche Chorsänger und aktive Zünfter (Vorgesetzter der Fischer- und Schiffleutezunft) Burkhard Mangold 1935. Im Vorfeld der kantonalen Erneuerungswahlen initiierten die vereinten bürgerlichen Parteien eine politische Kampagne, die sogenannte Kässeli-Affäre, zur Abwahl des Sozialdemokraten Fritz Hauser (1884–1941). Der bürgerliche Positionen vertretende Mangold unterstützte angesichts der grossen kultur- und bildungspolitischen Verdienste von Regierungsrat Hauser (u. a. Staatlicher Kunstkredit,

Neubau des Kunstmuseums) dessen Wiederwahl. Er unterschrieb gemeinsam mit Niklaus Stoecklin und dem Direktor des Kunstmuseums, Otto Fischer (1886–1948), einen primär von linksgerichteten Künstlern und Kunstfreunden lancierten Aufruf für die Wiederwahl Hausers. Dieser Appell erreichte nicht nur sein unmittelbares Ziel, er ebnete zugleich der Sozialdemokratie den Weg zum ‹Roten Basel› (1935–1950) in Form einer vierköpfigen sozialdemokratischen Regierungsmehrheit. Der hochgebildete Künstler Burkhard Mangold repräsentierte den Typus eines aufgeklärten, konservativ denkenden Bürgers, der zwischen kleinlicher Parteipolitik und politischer Gestaltungskraft wohl zu unterscheiden wusste.

    Auffällig ist auch die breite Wertschätzung, die der Künstler und Mensch Burkhard Mangold während der turbulenten Jahre der Zwischenkriegszeit erfuhr, als eine junge Generation von Kunstschaffenden den ‹Pragmatismus› der Gesellschaft Schweizerischer Maler, Bildhauer und Architekten (GSMBA) und den ‹Konservativismus› des seit 1919 bestehenden Kunstkredits kritisierte und im Jahre 1933 die Gruppe 33 gründete. Zeittypisch stellte die Gruppe nicht nur den Kampf um die Anerkennung moderner Kunstströmungen, sondern auch für gesellschaftliches Engagement ins Zentrum ihrer Aktivitäten. Im Gegensatz zu einigen Altersgenossen geriet Mangold nie ins Visier der jungen Gipfelstürmer. Ganz offensichtlich genoss der Doyen Burkhard Mangold auch bei der jungen Basler Avantgarde Respekt und Wertschätzung.

    Mangold fand als Pionier der Plakatgestaltung internationale Anerkennung. Er gehört mit Emil Cardinaux (1877–1936) und Otto Baumberger (1889–1961) zu den herausragenden Plakatgestaltern seiner Zeit.

Trotz seiner Ausbildung und Tätigkeit in Deutschland ist Mangolds Stil auch wesentlich von französischen Vorbildern geprägt, etwa von Pierre Bonnard. Mangold schuf von 1896 bis zu seinem Todesjahr etwa 150 Plakate, von denen einige, namentlich ‹Winter in Davos› (1914, s. Abb. 263) und das fünfteilige Plakat ‹D-A-V-O-S› (1917, s. Abb. 126/127) zu den berühmtesten Plakaten überhaupt gehören. Den Durchbruch hatte er 1905 mit seinem Entwurf für das Eidgenössische Sängerfest in Zürich erzielt (s. Abb. 105). Legendär bleibt auch sein Plakat für die im April 1917, notabene während des Krieges, erstmals stattfindende Schweizer Mustermesse in Basel (s. Abb. 22). Dieser ehrenvolle Auftrag unterstreicht seine bedeutende Rolle in der Plakatkunst und belegt seine gute Vernetzung mit der Basler Wirtschaft.

Neben dem Grossformat der kommerziellen Plakate oder der Wandmalereien schuf er auch kleinere handliche Arbeiten: Werbekarten, Kleindrucksachen, Exlibris, Buchkunst. Ausserdem hinterliess der Grafiker Burkhard Mangold über Jahrzehnte auch starke Spuren in der Produkte- und Firmenwerbung. Neben Werken für das bikantonale Basler Schützenfest 1911 oder die Landesausstellung 1914 fertigte Mangold auch für die Basler Leckerly-Produktion von Karl Jakob 1920 einen Holzschnitt vom St. Johanns-Tor; mit diesem wirbt die älteste Basler Leckerly-Manufaktur bis heute als Markenzeichen auf ihren Verpackungen (s. Abb. 176/177).

Die Balance zwischen Tradition und Moderne bildet eine Art Leitmotiv in Mangolds Werk, das von den Friedensjahren und der patriotischen Hochstimmung in der Belle Époque vor dem Ersten Weltkrieg geprägt war. Mangold hatte ein auffallend ungebrochenes und inniges Verhältnis zu seiner Vaterstadt, er ist als Künstler in Basel omnipräsent. Allerdings ist die Erinnerung an sein bedeutendes Gesamtwerk im allgemeinen Bewusstsein während der zweiten Hälfte des 20. Jahrhunderts deutlich verblasst. Teilweise ist es heute sogar in Vergessenheit geraten, obwohl uns seine Werke auf Schritt und Tritt begegnen, sei es am Spalenberg (sein Sgrafitto am Haus zum Wolf, s. Abb. 64), im ehemaligen SBB-Bahnhofbuffet oder in der Schalterhalle der ehemaligen Hauptpost (s. Abb. 57–59). Nur noch wenigen von uns ist die Mannigfaltigkeit des künstlerischen Werks von Burkhard Mangold vertraut. Deshalb soll dieses Buch, begleitet von zwei Ausstellungen, die Wiederentdeckung seines reichen Schaffens in der gesamten Bandbreite ermöglichen – von der Briefmarke bis zum Wandbild.

Robert Labhardt

Burkhard Mangold
Ein Basler Zeitgenosse

Als «unrettbar verbaslert» charakterisierte 1911 der Kunsthistoriker Rudolf Bernoulli (1880–1948) seinen wenig älteren Mitbürger Burkhard Mangold aus Berliner Distanz.[1] Er teile charakteristische Merkmale mit seinen dortigen Zeitgenossen: «Der Basler ist eine Art Mensch für sich», erklärte Bernoulli seiner deutschen Leserschaft, er habe seine eigene Sprache, eine zurückhaltende, aber eigensinnige Natur und besitze «ein gutes Auge für komische Situationen, die er mit einer bis zum Bittersten gehenden Ironie (auch Selbstironie) zu behandeln versteht; dabei fehlt ihm zumeist der Zug ins Grosse.» Kennzeichnend sei «ein Lokalpatriotismus ohnegleichen, andererseits eine kosmopolitische Veranlagung, die sich überall zurechtfindet». Bernoulli diagnostizierte, dass Mangold nicht das herzhafte Drauflosgehen der reichsdeutschen Plakatkünstler kenne: «Der Basler ist nicht einer von denen, die sich vordrängen.»[2]

Zurückhaltung und Bescheidenheit kennzeichnen auch den Menschen und Künstler Mangold. Immer wieder haben ihn Selbstzweifel geplagt. In seinen Lebenserinnerungen beschrieb er seine wechselhaften Gefühlslagen. Er fand es deprimierend, wie ihm alles Gute «mehr oder weniger nachtwandlerisch» gelinge, fast ohne eigenes Erarbeiten. Mangold kannte aber auch Versagensgefühle, künstlerische Niedergeschlagenheit: «Manchmal aber, wenn es darauf ankäme, das beste zu leisten, versage ich vollständig, muss, kalt und ohne innere Liebe suchen, einfach den Anforderungen zu genügen, wobei dann eben die allzuvielen Mittelmässigkeiten entstehen, die den bürgerlichen Ansprüchen wohl entsprechen, aber eigentlich immer Nieten sind.»[3] Wenn etwas gut gelang, empfand er dies als eine «Enthemmung», die gerade in Zeiten eingetreten sei, in denen er beruflich stark beansprucht war.

Gewissermassen eine Hemmung, genialisch über die Stränge zu schlagen, eine Zurückhaltung im künstlerischen Impuls – vielleicht ist es dies, was ihn zum Dokumentarischen, zur Zeitgenossenschaft befähigte: Schauen, was die Wirklichkeit hergibt, statt eigene Welten zu produzieren. Vielleicht lag genau darin auch seine Befähigung zum Werbegrafiker und Plakatgestalter.

Was Burkhard Mangolds künstlerische Qualität bis heute ausmacht, sind – neben seiner grossen technisch-handwerkliche Vielseitigkeit – Detailliebe, realistische Genauigkeit, Kompositionskunst und jener ironische Witz, der seinen manchmal allzu bieder-bürgerlichen Patriotismus zum Glück immer wieder durchbricht. Es lohnt sich also auch der Blick auf den Zeitgenossen Mangold: Wo ist er in Basels Geschichte zu verorten? Wie positionierte er sich in der Gesellschaft? Was prägte ihn? In diesem Beitrag versuche ich, den Menschen und Künstler Mangold zu charakterisieren, indem ich ihn zunächst aus drei allgemeinen Perspektiven betrachte – dem stadtgeschichtlichen Kontext um 1900 und danach, Mangolds sozialer Position und seiner Stadterfahrung. Anschliessend werde ich einige Werke vor ihrem historischen (nicht dem kunsthistorischen!) Hintergrund untersuchen. Und das Fazit daraus? Am Beispiel von Mangolds Erfahrungen und Wirken entsteht gleichsam ein lebendiger Ausschnitt einer Basler Chronik der ersten Hälfte des 20. Jahrhunderts.

Basel wird Grossstadt

1873 geboren, fallen Mangolds Schaffensjahre in eine Zeit, die von einer stürmischen Stadtentwicklung geprägt war. Seit 1860 wurden Basels Stadtmauern abgebrochen, Mangold wuchs gewissermassen im Schatten der Mauerruinen an der Wallstrasse auf, während neue Aussenquartiere entstanden. Die Industrialisierung, vor allem die sich rasant entwickelnde chemische Industrie, bewirkte eine enorme Zuwanderung von Arbeitskräften und aufgrund dessen einen grundständigen Ausbau der Infrastruktur. Dazu gehörten die Kanalisation, Gas und Elektrizität, eine das Stadtgebiet durchschneidende Eisenbahn, die Entwicklung des innerstädtischen Tram- und Autoverkehrs und Warenhäuser. Die Folge war der wachsende Wohlstand und eine immer grösser werdende Mittelschicht.

Als Burkhard Mangold nach seinen Münchner und Pariser Lehrjahren im Jahre 1900 nach Basel zurückkehrte, kam er in eine Stadt, in der intensiv gebaut wurde. Die Centralbahn hatte den Bahnhof umgebaut und wurde vom Bund gekauft: Die Schweizerischen Bundesbahnen (SBB) entstanden. Der Güterbahnhof wurde auf den Wolf verlegt und der Badische Bahnhof vom Riehenring an die Schwarzwaldallee. Neue Tramlinien durch die Stadt wurden eingerichtet: über das Zentrum hinaus zum Badischen Bahnhof, nach Birsfelden, St. Louis (damals noch: St. Ludwig) und bald bis Dornach. Wegen der weiträumigen Umführung der Elsässerbahn wurde eine Verbreiterung des Birsigviadukts von einer Eisenbahn- zu einer Fussgänger-, Tram- und Autobrücke eingeleitet. Die Strassenbeleuchtung wurde auf Elektrizität umgestellt. Die neu gegründete Kantonalbank erhielt Land für einen eigenen Bau; und bei der Zeichnung einer ersten Anleihe erfuhr sie grossen Zuspruch. Für die dritte katholische Kirche, die Josephskirche, wurde der Grundstein gelegt; die katholische Minderheit war auf ein gutes Drittel der Wohnbevölkerung angewachsen. Für den Schlachthof im St. Johann und die Gasanstalt wurden Ausbaupläne bewilligt. Auf sozialdemokratische Initiative wurde die Basler Wohngenossenschaft für billige Wohnungen und Mieterschutz gegründet. Basel hatte inzwischen mit rund 108 000 Einwohnerinnen und Einwohnern die Schwelle zur Grossstadt überschritten.

Politisch zeigte sich Basel im Jahr 1900 noch überaus konservativ: Ein eidgenössisches Kranken-, Unfall- und Militärversicherungsgesetz und ein Arbeitslosengesetz wurden abgelehnt, ebenso die kantonale Einführung des Proporzwahlrechts. Erst 1904 wurde ein Sozialdemokrat Mitglied der Regierung.

In der stark bürgerlich geprägten Stadt herrschte eine patriotische Hochstimmung, die sich auch in Burkhard Mangolds Schaffen niederschlug: Patriotische Feiern hatten Konjunktur; sie erwuchsen aus dem Bedürfnis, sich in einer Zeit rascher Modernisierung und Veränderung auf Geschichte und Tradition zu besinnen und diese festzuhalten. Der 1. August hatte sich damals gerade als Bundesfeiertag durchgesetzt. Auf grosse Begeisterung stiess gegen Ende des Jahres 1900 auch, dass mit

9   Selbstbildnis im Kreis der jungen Familie, um 1910
10/11   Wandkalender für die Graphische Anstalt Wassermann aus den Jahren 1918 und 1940

Bundesrat Ernst Brenner erstmals ein Basler zum Bundespräsidenten gewählt wurde. Zweiundzwanzig Kanonenschüsse von der Rheinschanze aus zelebrierten das Ereignis. Gleichzeitig begannen die Vorbereitungen zur 400-Jahr-Feier von Basels Beitritt zur Eidgenossenschaft. Basels Zugehörigkeit zu ihr dokumentierten nun auch die neuen Strassennamen im jungen Gotthelfquartier. Der Schweizer Schriftsteller Jeremias Gotthelf selber hatte kaum etwas mit Basel zu tun, sein Name bekundete nun jedoch Basels Verbundenheit mit der Schweiz, während in den Jahrzehnten zuvor die Kontakte zum Elsass und zum Deutschen Reich im Vordergrund gestanden hatten.

Burkhard Mangold drückte diese Haltung mit einer Freskenfolge im neu errichteten Gotthelfschulhaus aus. Die Motive reichen vom Bau der ersten Rheinbrücke im 13. Jahrhundert über die Schlacht bei St. Jakob, die Reformation, den Beitritt zur Eidgenossenschaft, den Westfälischen Frieden, die Hilfsaktion für Kinder aus dem kriegsversehrten Appenzell um 1800 bis hin zur Jubiläumsfeier von 1901, sie zelebrieren die Verdienste Basels innerhalb der Schweizer Geschichte[4] (s. Abb. 56).

Die Balance zwischen Tradition und Moderne zieht sich leitmotivisch durch Mangolds Werk, das von den langen Friedensjahren zwischen 1873 und 1914 geprägt ist. Die epochalen Katastrophen der beiden Weltkriege berührten sein Schaffen dabei jedoch erstaunlich wenig. Selbst in seinen kriegsaffizierten Bildern – etwa in Sujets für die Wandkalender für die Lithographische Anstalt Wassermann & Schäublin, später Wassermann & Co. – erzeugte der Maler das Bild einer im Ganzen verschonten Schweizer Idylle (s. Abb. 10/11). Das erklärt wohl, warum Mangold zur Zeit der Geistigen Landesverteidigung (seit ca. 1932 bis in die 1960er-Jahre) so populär, heute aber eher vergessen ist. Nun gilt es, seine mit Empathie und sensibler Beobachtungsgabe angefertigten Darstellungen des damaligen Basler Alltags wiederzuentdecken.

Bürgerlichkeit

Mangolds Verhältnis zu seiner Vaterstadt war auffällig ungebrochen. Seinen Erinnerungen zufolge hatte er eine abwechslungs- und anregungsreiche Jugend an der Wallstrasse verbracht, zu der Klettereien und Streiche am alten Stadtwall mit den Nachbarsbuben gehörten.

Beim Grossvater lernte er früh, Fasnachtslaternen zu basteln und zu bemalen. Der Vater, Leiter des polizeilichen Kontrollbureaus, der zu Hause vor allem Erholung vom hektischen Berufsalltag suchte, vermittelte ihm Sinneslust, Handwerksfähigkeit und zeichnerisches Talent.

Bei der Entwicklung seiner Interessen erfuhr Mangold stets familiäre Unterstützung; so konnte er die Schule früher als vorgesehen ohne Abschluss zugunsten einer zeichnerischen Ausbildung verlassen.

Die familiäre Geborgenheit ging später nahtlos in eine gesellschaftliche über. Mangold war im Basler Bürgertum auch durch seine Mitgliedschaften in der Basler Künstler-Gesellschaft, der Fischerzunft und im Gesangverein fest verankert. Dass man als Bürgerin und Bürger am Leben der Stadt teilnehme, sie kenne, um ihre Geschichte wisse, war ihm über die Kunst hinaus ein pädagogisches Anliegen: Und das zeigte sich nicht nur in seiner frühen Arbeit am Gotthelfschulhaus 1903, sondern auch in seinem Quartett-Kartenspiel (s. Abb. 8) und dem ‹Basler ABC› zu städtischen Gebäuden und in den historisch-patriotischen Festspielen der Jahrhundertwende, die er als Bühnen- und Kostümbildner mitgestaltete, oder in den Kalendern für die Graphische Anstalt Wassermann, in denen er einen freundlich-ironischen Blick auf die Menschen in der Stadt warf. Sein Interesse an Druckkunst aller Art, mit dem er auch seine Kunstgewerbeschüler ansteckte, war auch in diesem pädagogischen Impetus verwurzelt.

12–16 Mangold war in Basels Alltag omnipräsent; Kleindrucksachen für verschiedene Auftraggeber aus der Zeit von 1901 bis 1935
17 Abstimmungsplakat für die Freisinnige Partei Zürich, 1919
18 Rheinhafen St. Johann, Mischtechnik, nach 1911

Mangolds politische Haltung war liberal-konservativ geprägt. Das drückte er auch aus, als er auf einem seiner Rheinhafen-Wandbilder im ehemaligen Bahnhofbuffet auf einen der bedeutenden Basler Politiker im ersten Jahrhundertviertel, Paul Speiser-Sarasin (1846–1935), anspielte, indem er im Vordergrund einen Schiffsbug mit der Aufschrift «Präsident Paul Speiser» versieht. Der liberal-konservative Speiser war nicht nur Nationalrat und mehrfacher Regierungsrat, sondern als Präsident der ersten Basler Reederei auch ein Pionier der Rheinschifffahrt. Mangold zeigte sich zwar der arbeitenden Bevölkerung zugewandt, lehnte aber die Arbeiterbewegung und ihre klassenkämpferischen Parolen strikt ab. Politisch bezog er selten Stellung, die vehementen Parteienkämpfe in der Basler Zwischenkriegszeit fanden wenig Spuren in seiner Plakatkunst. Am entschiedensten bezog er 1919 im Auftrag des ‹Zürcher Freisinns› auf einem Plakat Position: In schroffer diagonaler Teilung wird auf der hellen rechten Seite das friedliche städtische Strassenleben geschildert, auf der nächtlich-finsteren linken Seite dagegen eine kriminell-gespenstische Drohkulisse aufgebaut: «Dahin führt der Bolschewismus» (s. Abb. 17).

Die Auffassung vom Künstler als Antibürger, der sich über Konventionen hinwegsetzt, kritische Positionen vertritt oder provoziert, war Mangold fremd. Er lebte als Grafiker von bürgerlichen Auftraggebern und zog das friedliche Miteinander dem sozialen Konflikt vor und war deshalb nur selten zu politischen Plakaten bereit. Er schenkte dem Alltäglichen, dem friedlichen Zusammenleben in der Gesellschaft über Schichten und Gegensätze hinweg seine Aufmerksamkeit. Vielleicht lassen sich Mangolds Eigenart, seine rückhaltlose Lebensbejahung und seine Kunst heute neu entdecken und wertschätzen.

Ambivalenzen der Modernisierung

Burkhard Mangold erlebte die damalige Stadtentwicklung zumindest zwiespältig. Er beobachtete die zerstörerische Bauwut und das wachsende Verkehrschaos. In einem Vortrag – wir wissen nicht, zu welchem Anlass und wo er ihn gehalten hat – zitierte er Johann Peter Hebels Gedicht ‹Die Vergänglichkeit› und schloss daraufhin: «Wenn är jetz g'sächti, wie ganzi Strosse mit Ville und Paläscht zämmeg'risse wärde und in de Gärte ganzi Strosse mit Miethyser usewachse», Hebel würde dann erneut sagen: «Es kunnt emol e Zyt, so goht au Basel in sy Grab.»[5] Noch aber, meinte Mangold, sei nicht alles verwüstet. Der Kirschgarten beispielsweise stehe noch!

Mangold wusste um den Wandel und die Ambivalenzen der Moderne, sein Werk bildet sie ab. Dabei treffen das bürgerlich saubere, fromme, festliche Basel und das Basel der Rheinhäfen, Gaskessel und rauchenden Schlote merkwürdig unverbunden aufeinander. Es ist der Rhein, an dem sich die beiden Welten treffen: Gross- und Kleinbasel, Bürgerwelt und Arbeitswelt.

Ein häufig auftauchendes Motiv in seinen Rhein- und Hafendarstellungen ist der Qualm, er scheint in Basel allgegenwärtig. In Mangolds ‹Basler ABC› gilt jeder Buchstabe einem prominenten Gebäude, einer Strasse, einem Platz. Der Buchstabe Q bildet mit der Illustration von Qualm eine Ausnahme. Er wird zum negativen oder auch ironisch übersteigerten Merkmal der modernen Grossstadt. Fest und Qualm verbinden sich dann beispielsweise auf einem Plakat zur Eröffnung des Restaurants Schiff fast zur Karikatur.

19 Plakat zur Eröffnung des Restaurants Schiff in Kleinhüningen, 1927
20 Motiv aus dem im Jahr 1928 erschienenen ‹Basler ABC›
21 Werbeplakat für die Basler Actienbrauerei zum Sternenberg, 1907

Bilder als Miszellen zur Stadtgeschichte
1907: Plakat für die Actienbrauerei zum Sternenberg
Burkhard Mangold hat insgesamt etwa 150 Plakate gestaltet und gilt als führender Pionier der Schweizer Plakatkunst. Einer seiner frühesten Entwürfe für das Basler Gewerbe galt der Actienbrauerei zum Sternenberg. Sie war 1898 aus der an der Utengasse ansässigen, von den Gebrüdern Zeller betriebenen Brauerei hervorgegangen und in das als ‹Bierburg› bezeichnete grosse Lagergebäude an der Abzweigung der Allmendstrasse von der Grenzacherstrasse verlegt worden. Die Umwandlung zur Aktiengesellschaft bedeutete im Vergleich mit dem früheren Familienbetrieb eine Verbreiterung der Kapitalbasis und signalisierte damit die Ankunft der Brauerei im auf Grossproduktion angelegten industriellen Zeitalter.

Im Ausland entwickelte Innovationen für Kühlung, Filterung und Abfüllung des Biers bis hin zum Flaschenbier mit Bügelverschluss (1890) fanden in der Schweiz rasche Verbreitung und ermöglichten die industrielle Bierproduktion. Der Anschluss an die Eisenbahn erweiterte zudem den Aktionsradius der Brauereien. Das Biergeschäft bedurfte hoher Investitionen und unternehmerischer Cleverness, aber auch des Glücks in Bezug auf die Witterung und die Konjunktur. Unter den Brauereien herrschte deshalb ein erbarmungsloser Konkurrenzkampf bei steigender Gesamtproduktion: Beherbergte Basel 1880 noch 16 Brauereien waren es bei Beginn des Ersten Weltkriegs noch deren 7. Im gleichen Zeitraum versiebenfachte sich jedoch die Produktion von 50 000 Hektolitern auf 370 000![6] 1900 überstieg der Bierkonsum in der Schweiz erstmals den Weinkonsum.[7] Die Brauereien jagten einander Wirtshäuser als Absatzstätten ab, kauften andere Brauereien auf und gaben den zugewandten Schenken Kredite und Bürgschaften, um sie an sich zu binden. Man sprach damals von der ‹Hektoliterjagd›. 1907, als Mangolds Sternenberg-Plakat erschien, kam ein sogenannter Kundenschutzvertrag unter den Schweizer Brauereien zustande, der verbot, sich gegenseitig Kunden abspenstig zu machen. Damit wurde verstärkte Werbung wichtig. In diesem Zusammenhang sprach der Verwaltungsrat der Actienbrauerei Anfang Dezember 1906 einen Kredit von 300 Franken «zur Anfertigung eines Entwurfes zu einem flotten Reklame-Plakat».[8] Im Februar ging der entsprechende Auftrag an Burkhard Mangold.[9] Sein Plakat zeigt König Gambrinus, den sagenhaften Erfinder des Bierbrauens, dessen Ursprünge bis ins alte Ägypten zurückreichen. Deshalb trägt der bärtige Trinker einen orientalischen Fez. Er spornt seinen soldatischen Untertanen an, das aus dem von drei Quellen gespiesenen Becken geschöpfte Bier gleich helmweise in sich hineinzugiessen, als müsste er eine Bierprobe bestehen. Der Thron ist beidseitig mit dem Hexagramm des Brauersterns verziert. Macht sich der König seine Legionäre durch Bier gefügig? Oder soll Bier friedlich machen? Der Landsknecht am Palasteingang sucht jedenfalls Halt am Tor und scheint nicht mehr sehr einsatzfähig. Oder ist Bier der Lohn nach getaner Arbeit, und das nächste Duo ist draussen auf der Strasse im Anmarsch? Wie auch immer: Das Plakat zeigt Witz, macht Durst und verortet die Brauerei in uralter Tradition. Trinkt Sternenberg! 1915 erlag auch die Brauerei zum Sternenberg dem Einbruch der Kriegskonjunktur und wurde von Feldschlösschen aufgekauft.

1917: Die erste Mustermesse

Die Tatsache, dass Burkhard Mangold die Ehre zufiel, das Plakat für die erste Schweizer Mustermesse zu gestalten, sagt viel aus über die Bedeutung des Künstlers als Plakatgestalter, aber auch als Freund der Wirtschaft. Seine Vielseitigkeit in der Schweizer gewerblichen Produktion hatte Mangold mittlerweile in vielen Plakaten dokumentiert, er war für Firmen wie das Zürcher Modegeschäft PKZ, für Gewerbeausstellungen und Vereinsanlässe tätig. Die Gründung der Schweizer Mustermesse mitten im Krieg war eine vereinte Pionierleistung, die mit vielen Risiken behaftet war. Die Initiative ging vom belgischen Künstler Jules de Praetere (1879–1947) aus, der damals Vorsteher der Basler Allgemeinen Gewerbeschule und des Gewerbemuseums war. Er war nicht nur Visionär, sondern auch ein grosser Organisator. Ihm gelang es, 1917 mitten in der Kriegszeit eine nationale Messe mit 800 Ausstellern auf die Beine zu stellen, die auf Anhieb 300 000 Besucherinnen und Besucher anzog. Es war ein Grossereignis, das als patriotischer Aufbruch galt, eine vielseitige, attraktive Leistungsschau und überhaupt einen Publikumsmagnet darstellte, der zur Freudlosigkeit der Kriegszeit, die auch die Fasnacht hatte ausfallen lassen, einen willkommenen Kontrapunkt setzte. Allerdings kannte die erste Mustermesse noch nicht den Trubel ihrer späteren Jahre. Sie war auf zwei Standorte – Messeplatz und Stadtcasino – verteilt und präsentierte sich als Budenstadt, in der die Aussteller ihre Waren auslegten.

Etwas des biederen, national auf sich selbst bezogenen Geists verrät aber auch Mangolds Plakat: Vier Männer – der Käsebauer, der Uhrmacher, ein Souvenirhersteller mit einer goldbronzenen Kuh und ein Schmied mit Zahnrad – flankieren eine Frau, die Seidenbänder über ihre Arme gehängt hat. Raffiniert repräsentieren die fünf Gestalten eine typische Branche und halten ein Produkt, das sie zugleich als Handwerker und industrielle Unternehmer charakterisiert: Aussen links steht ein Senn und Käseunternehmer, daneben ein Uhrmacher und Uhrenfabrikant, der zweite von rechts mit der kleinen Kuh repräsentiert im Nazarener-Gewand den feinsinnigen Künstler und Kunsthandwerker, der Tourismusartikel herstellt, der vierte ganz rechts erinnert mit seinem mächtigen Zahnrad an das Schmiedehandwerk und auch an die Schweizer Maschinenindustrie. Die Frau in der Mitte ist Weberin und Textilwerberin in einem: eine Zeit im Übergang. Auch in ihrer Haltung verkörpern die Figuren verschiedene Formen der Arbeit: stolze Schwerarbeiter am Rand, innen der Feinarbeiter mit der Uhr, achtsam züchtig der in sich gekehrten Frau zugewandt, und neben ihr ein introvertierter, auf sein Kunstobjekt fixierter Jüngling. Die dezente, in weiss, blau und goldgelb verschränkten Farben gehaltene Darstellung unterstreicht die Botschaft der ersten Schweizer Mustermesse etwas altväterlich: Einheit in der Vielfalt – ein produzierendes Volk, das zusammensteht.

22 Plakat für die erste Ausgabe der Schweizer Mustermesse, 1917
23 Schwarzer Humor in Kriegszeiten, private Neujahrskarte für das Jahr 1918

1918: Familie im Krieg

In Mangolds Nachlass findet sich eine der ganz wenigen Arbeiten, die sich direkt mit der Kriegszeit befassen: eine Zeichnung, die als Vorlage für ein Gemälde seiner Familie diente und die als Motiv für die Neujahrskarte 1918 Verwendung fand. Mangold erwähnt das Bild auch in seinen Erinnerungen, als er seiner 1940 gestorbenen Frau Katharina gedachte: «Und ich kann es heute noch nicht ganz fassen, dass ich nun den Rest meines Lebens allein gehen soll.» Nun müsse er sich mit den Bildern zufriedengeben: Dazu gehörte, wie er schrieb, «ein dunkles Bild, während des Weltkrieges: die ganze Familie in einem Zimmer versammelt. Jedes mit seiner Arbeit beschäftigt.»[10]

Die Familie muss in einem Zimmer zusammenrücken, da die Kohlenkrise im Winter 1917/18 ein strenges Heizregime verlangte. Der Bund hatte die Kohlenzuteilung an die Kantone auf die Hälfte reduziert. Basel-Stadt legte deshalb den zulässigen Verbrauch von Kohle pro Haushalt und Familie auf 100 Kilogramm pro Monat fest, die Zuteilung von Brennholz auf 200 Kilogramm. Bestehende Vorräte wurden erfasst und verrechnet. Die Raumtemperatur durfte nicht mehr als 17 Grad Celsius betragen, der Warmwasserverbrauch wurde eingeschränkt. Zum Hintergrund: Seit dem Einmarsch der deutschen Armee in Belgien 1914 blieben die Kohlenlieferungen der Entente aus und die Schweiz geriet im Kohlenhandel ganz in deutsche Abhängigkeit. Die Preise für Kohle stiegen, belgische Kohle war von deutscher Gunst abhängig. Ab Juli 1917 band das Deutsche Reich seine Kohlenlieferungen an Kredite zur Deckung seiner Schulden. Und Mangold konterte in ironischer Wendung: «Auch Kohlenmangel bringt Gewinn / Er fördert den Familiensinn.» Die Familie ist im Zimmer beieinander, aber von Harmonie ist wenig zu spüren: Die musikbegabte Tochter wendet den anderen den Rücken zu und spielt Klavier, der begabte Sohn Burki spielt Geige, der Notenständer steht zwischen beiden. Im Vordergrund versucht sich der künftige Theologe Jörg, mit den Fingern in den Ohren, in ein Buch zu vertiefen, während neben ihm der Künstler, die Szene beobachtend, seine Staffelei wie eine Wand gegen seine mit einer Handarbeit beschäftigte Frau hin aufgestellt hat. Der Kanarienvogel im Hintergrund verstärkt die Dissonanzen der Kommunikationslosigkeit.

Mangold hatte seine Frau Katharina in München kennengelernt, wo sie als Schwester der Inneren Mission tätig war. Sie hat sich nach der Heirat mit den Basler Verhältnissen schwer abgefunden, schreibt Mangold in seinen Erinnerungen: «Meine Frau hatte es anfangs nicht leicht, sich den Basler Verhältnissen und Gewohnheiten anzupassen; sie nahm alles viel zu ernst und zu schwer, was anders gemeint war [...]. Dass jedes meiner Geschwister nicht bei seinem richtigen Namen, sondern mit einem Übernamen genannt wurde, war ihr ein Rätsel. Ebenso, dass vieles nicht so gesagt wurde, wie es gemeint war, bereitete ihr oft, ohne dass wir es merkten, viel Kummer und Verdruss.» Und weiter: «Wir haben nie über religiöse Fragen gestritten, aber die Verschiedenheit unserer Ansichten war doch etwas wie eine Wand zwischen uns, die meine Frau mehr empfand als ich, der mit der Lösung künstlerischer Fragen nie fertig wurde und im Übrigen glaubte, an der Bergpredigt und Nachfolge Christi ‹genügend Halt zu finden›.»[11]

Zwischenkriegszeit

Der schweizerische Landesstreik am Ende des Ersten Weltkriegs hatte eine zerrissene Schweiz zur Folge – das zeigte sich gerade auch in Basel. Die Nachkriegszeit war von einem erbitterten Kampf des Bürgertums gegen die Arbeiterbewegung und ihre Ansprüche gekennzeichnet. Die politischen Auseinandersetzungen um Steuer- und Kriseninitiativen waren heftig, die Arbeitskämpfe unversöhnlich, im Färberstreik von 1919 führten sie gar zu Toten in der Greifengasse. Während des Zweiten Weltkriegs bahnte sich schliesslich die Sozialpartnerschaft an und Gesamtarbeitsverträge wurden unterzeichnet. Das ‹Rote Basel› schuf zwischen 1938 und 1950 unter dem massgeblichen Einfluss von Regierungsrat Fritz Hauser wichtige sozial- und bildungspolitische Einrichtungen.

Auch in der Basler Kunstszene tobten schrille Konflikte, etwa zwischen der Gesellschaft Schweizerischer Maler, Bildhauer und Architekten (GSMBA) und avantgardistischen Künstlergruppen wie der Gruppe 33. Burkhard Mangold hielt sich aus dieser Polarisierung weitgehend heraus. Er blieb seinen von der Jahrhundertwende geprägten Überzeugungen auch künstlerisch treu; er pflegte seine reife Plakatkunst im Dienste von Industrie und Gewerbe, sein Engagement für Traditionen (Fasnacht!) und die bürgerliche Kultur. In diesem Sinne bilden die folgenden Werkbeispiele Reflexe und lückenhafte Streiflichter zur Geschichte der turbulenten Basler Jahre zwischen 1920 und 1940.

1921: Eine neue Künstlergeneration
In den dreissig Jahren von 1914 bis 1943 gestaltete Mangold für die Graphische Anstalt Wassermann jährlich einen bedruckten Karton mit einem Abreisskalender, auf dem er kommentierende Verse platzierte. Lediglich in den Kriegsjahren enthielt er sich der eher launigen Sprüche. Nachdem er 1919 einen Reigen von Alltagsgenüssen dargestellt hatte, die jetzt endlich wieder möglich waren – sie reichten vom Brot ohne Rationierungskarte bis zum Korb voll Eier und der fetten Sau –, skizzierte er im Folgejahr die Nachkriegskrise, dafür kontrastierte er eine Sommeridylle beim Bad im Rhein mit der aktuellen Winterkälte in den Wohnungen. Im gleichen Jahr hatte Niklaus Stoecklin oben am Münsterberg den Reigen sich innig küssender Liebespaare über den Eheverkündigungen des Zivilstandsamtes angebracht. Die Malerei löste in der Öffentlichkeit heftige Diskussionen aus. Man empfand sie in ihrer Intimität als taktlos und frivol. Mangold reimte zustimmend:

«Die graphischi Astalt Wasserma / die findets scheen und frait sich dra / Sie sait: s'isch g'scheiter sich verschmatze / as händle und sich's G'sicht verkratze!»

Als aber 1921 das Wandgemälde mit blauer und roter Anilinfarbe beschmiert wurde, nahm er seine pointierte Stellungnahme regelrecht zurück:
«B'halt lieber, was i denk fir mi! Es wär au s'letscht Mol schlauer gsi.»

Es entspricht Burkhard Mangolds Charakter, dass er sich für den jüngeren und bereits berühmteren Kollegen in die Bresche schlägt, aber auch dass er sein Eintreten für ihn – um des lieben Friedens – wieder zurücknimmt. Niklaus Stoecklin war während des Ersten Weltkriegs für kurze Zeit Mangolds Schüler in Plakatkunst und Glasmalerei gewesen, er pflegte als Vertreter einer vom Krieg geprägten Generation einen bissigeren Humor und schonungsloseren Realismus als sein stets vorsichtig agierender Mentor. Auch hier zeigt sich, es ist eine Zeit des Übergangs: Im Vergleich zur Vorkriegszeit, die Mangold geprägt hatte und die er gleichsam künstlerisch mitgeprägt hatte, war die Zwischenkriegszeit, die Epoche Stoecklins, krisengeschüttelt, konfrontativ, exzessiv.

24 Wandkalender 1921 für die Graphische Anstalt Wassermann in Basel

Jetz gohts bigoscht
im Niggi Schteggli
fascht wie vor 30
Johr im Beggli!
Sie schimpfe jede
Dag verfliemter,
Dr Niggi-wird nur
als biriehmter—

1921

Die graphischi A...
STALT WASSERMA...
die findets scheen
und frait sich dra
Sie sait: s'isch g'schei-
ter sich verschmatze
as händle und sich's
G'sicht verkratze!

Die ‹Goldenen Zwanzigerjahre›
Die Zwischenkriegszeit war, vor allem in Grossstädten wie Berlin, Paris und Wien, nach den Gräueln und Einschränkungen des Krieges von einem befreiten und impulsiven kulturellen Aufbruch gekennzeichnet. Basel stürzte sich nicht mit derselben Wucht in die Roaring Twenties. Dafür war die Stadt zu prüde und konservativ, wie die geschilderte Erregung über Niklaus Stoecklins küssende Liebespaare zeigte. Aber trotzdem: Das neue Zeitalter sickerte auch ins Basler Stadtleben ein. Die Frauen erhoben ihre Stimme und forderten für sich das Stimmrecht, das der Grosse Rat 1927 immerhin für erheblich erklärte; vom Volk (stimmberechtigt waren nur Männer) wurde es jedoch im gleichen Jahr mit über zwei Dritteln der Stimmen verworfen. Die ‹neue Frau› verband das Recht auf Selbstbestimmtheit mit lüpfigem Outfit und Auftreten: Bubikopf, Zigarette und kurzes Fransenkleid. Die entsprechende Mode bot etwa das Warenhaus Knopf an der Freien Strasse an. Frauen drängten in neue Berufe, die Nachfrage nach den sogenannten Bürofräuleins wuchs. Und im Oktober 1927 forderte die Zentralkonferenz der Frauengruppen der Sozialdemokratischen Partei das Recht der Frauen auf Schwangerschaftsabbruch und die Einführung einer Mutterschaftsversicherung.

Freizeitindustrie und Alltagskultur entwickelten sich, Lichtspieltheater entstanden, das Kino erfreute sich grosser Beliebtheit. Die Künstlergruppe Das Neue Leben propagierte – ganz im Sinne Mangolds, der aber nicht zu ihr gehörte –, dass der Unterschied zwischen freier und kunstgewerblicher Kunst aufgehoben und die Kunst mit dem Leben verbunden werden solle. Seit 1923 besass Basel mit dem Varietétheater Küchlin in der Steinenvorstadt einen Vergnügungstempel von europäischer Ausstrahlungskraft. Eine Flugverbindung von Basel nach London und Paris war neu in Betrieb genommen worden. Beim Centralbahnhof hielt eine Radiostation Einzug. Es entstanden die Grossgarage Schlotterbeck (1928) und die Gross-Markthalle (1929): Das Leben beschleunigte sich. Mangolds Kommentar auf dem Kalenderblatt von 1926 bildet auch in seiner Form die Zerfahrenheit der Epoche und seine eigene Erregung darüber ab:

«Gwimmel, Getimmel, Gebimmel, Getut, Fuessballgeschut – Polizischte mit wysse Hendsche, verkahrti Mensche, Kinoreklame, kurzi Glaider u. Hoor by de Dame, wo dur die uffgrissene Schtrosse renne, d' Luft voll Antenne, voll Flieger und Gschtank, d' Hind krank und Parteigezank. Und iber das alles im Blettli e Gfasel – das isch jetz Basel.»

25   Wassermann-Wandkalender für das Jahr 1926

1926
Gwimel-Getimel
Gebimel-Getut-Fuess-
ballgeschut-Polizischte
mit wysse Hendsche-ver-
kahrti Mensche-Kinorekla-
me-kurzi Glaider u. Hoor
by de Dame-wo dur die uffgrissene Schtrosse renne. d'Luft
voll Antenne-voll Flieger
und Gschtank.-d'Hind
krank-und Parteigezank.
Und iber das alles im
Blettli e Gfasel-das
isch jetz Basel.

GRAPH. ANSTALT W. WASSERMANN
LEONHARDSTR. 5. TELEPHON·SAFR. 21.69

Burkhard Mangold – Ein Basler Zeitgenosse

"DAS JOHR SAIT DR WASSERMA:
DO, LUEGET AU DÄ HAFE-N-A!
DAS KRACHT UND KROST, UND
RASSLET UND TOST, DAS HYLT
UND PFYFFT, UND ZIEHT /
UND GRYFFT, DUET ROLLE-N-
UND RUMPLE, SPAZIERGÄNGER
HUMPLE UND KINDER UND
FRAUE STUUNE-N- UND B'
SCHAUE DAS LÄBE-N-UND
TRYBE. ME G'SEHT AU STOH-
BLYBE VO ZIRI E SCHWYZER,
DÄ SAIT MIT EME SCHNYZER:
"EN ZOO DÄ HÄMMER, EN
MUSCHTERMÄSS WÄMMER,
UND E RHYHAFE-N-AU, SO
JETZ WÜSSETERS! TSCHAU!"

W. WASSERMANN   GRAPH. ANSTALT
LEONHARDSTR. 5   TELEPH. SAFR. 21.69

E Huffe Lytt
aber die meiste
wo sichs kennte
leiste-zahle nyt.
uff Dächer und
Dämm – gsehn
sie's jo biquem!
uff dr Gasfabrik
stehn sie ganz
dick – drum –
trotz dem Huffe
Lytt, gits doch
e Defizit.

· 19 ·   · 33 ·
TELEPHON 43.079   LEONHARDSTR. 5
WASSERMANN & CO., GRAPHISCHE ANSTALT, BASEL

1928: Messeball

Mangolds Plakat für den Messeball 1928 ist zweifellos eine seiner reifen und befreiten Gestaltungen, es atmet den Geist der neuen Zeit: Das Signet der Mustermesse, der geflügelte Helm des Handelsgottes Merkur, wird in einer kraftvoll-lebendigen Szene umgesetzt: Gott Merkur mit verführerisch verschatteten Augen und sinnlichem Mund, im swingenden Tanz mit einer Partnerin, die mit Bubikopf und leichtem Oberteil, das ihre kräftigen Schulterblätter frei lässt, sich in der Umarmung des Gottes beflügelt findet. Alles ist im farblichen Dreiklang von Türkis, Schwarz und Weiss gehalten, bildgewordene Dynamik vor dunkel wirbelnden, vermummten Gestalten: Ein Bild der lokalen Roaring Twenties, gleichzeitig Partytime vor unsicherem Zeithintergrund.

Die Kraft des Plakats vermittelt Körperlichkeit, Sinnlichkeit, Rhythmus, Tanz und Präsenz des antiken Gottes, fordert zur Lebensfeier auf. Erst 1926 hat die Messe – nach einem Grossbrand 1923 – ihr neues Verwaltungsgebäude mit vier Hallen bezogen, in das geladen wird.

Tanzposen, Masken und Bälle haben den Maler Mangold schon immer fasziniert. Sein Vater, an und für sich ein ernsthafter Beamter, war nicht nur langjähriger Präsident des Turnvereins gewesen, sondern auch Tanzlehrer im Bischofshof. Kinderbälle begleiteten Mangolds Jugend. Das festliche Basel ist für ihn Ausdruck von Lebensbejahung und gesellschaftlicher Zusammengehörigkeit – zwei seiner wichtigsten Haltungen.

26   Wassermann-Wandkalender für das Jahr 1930
27   Wassermann-Wandkalender für das Jahr 1933
28   Werbung für den Ball der Mustermesse des Jahres 1928
29   Plakat zu einer kantonalen Abstimmung im Jahr 1930

1930: Das politische Basel

Burkhard Mangold war kein politischer Mensch. Er dachte bürgerlich und suchte in seinen Bildern Harmonie in der Vielfalt. Konflikt und Spaltung verabscheute er. In den Festspielen, im Plakat und in seinen Wandgemälden ging es ihm stets um die Einigkeit und den Zusammenhalt der Menschen. Auch im Ersten und Zweiten Weltkrieg gestaltete er Kalenderbilder, die Soldatenkorps und staunende Zuschauermengen zeigten – auch hier: Vertrauen in die Einheit. Georgine Oeri beschrieb in der Zeitschrift ‹Das Werk› den Hintergrund dieser Haltung anlässlich einer Ausstellung in der Kunsthalle 1943 folgendermassen: «Burkhard Mangold war 27, Hans Frei 32 Jahre alt, als das neue Jahrhundert begann. Sie erlebten noch goldene Zeiten des ungetrübten Zutrauens zwischen den europäischen Ländern und machten regen Gebrauch von der Möglichkeit, auf der Walz ganz Europa zu durchreisen. Die Zeiten waren danach; aber eben auch ihr handwerkliches Können. [...] Das Handwerk und die vertrauensvolle Welt waren die Grundlagen, auf denen diese Künstler ihr vielseitiges Werk mit einer unzerrissenen, mit sich einigen und deshalb unermüdlichen Schaffenskraft aufbauen konnten, mit einer Treue zu sich selbst, die heute selten ist.»[12]

Mangold war im Frieden einer bürgerlichen Welt aufgewachsen und hatte grösste Widerstände gegen eine Arbeiterbewegung, die auf Konfrontation ging. Auf die beiden prononciert gestalteten Plakate für den ‹Zürcher Freisinn› wurde bereits hingewiesen. Für Basel hat Mangold, meiner Kenntnis nach, lediglich drei Plakate zu politischen Abstimmungen gestaltet.[13] Eines davon bezog sich auf die Doppelabstimmung vom 13./14. Dezember 1930. Die Liberalen verlangten eine Ermässigung der Einkommenssteuer um 10 Prozent. Gleichzeitig forderte eine Initiative der Kommunistischen Partei eine vollständige Steuerbefreiung der Werktätigen. Die bürgerlichen Initianten argumentierten, die in der Nachkriegskrise erhöhten Steuern seien wieder abzubauen, weil Basel erneut mit einem Überschuss von 12 000 Franken abgeschlossen habe. Ein massvoller Steuerabbau nütze allen, beflügle die Wirtschaft und schaffe Arbeitsplätze, wogegen der kommunistische Vorstoss, als ‹Tollhäusler-Initiative› bezeichnet, Steuerabwanderung bewirke. Die Sozialdemokraten verwarfen beide Initiativen: Die Liberalen seien staatsfeindlich, ihr Steuerabbau sei ein Lohnabbau und bedeute Not für die Alten, während die kommunistische Initiative sozialfeindlich und dumm sei, die ausfallenden Steuern müssten durch eine Erhöhung der Gas- und Elektrizitätspreise ausgeglichen werden. Und sie bekamen Recht: Beide Initiativen wurden an der Urne wuchtig verworfen.

Mangolds Plakat aber ist ein – mässig originelles – Zeugnis der politischen Polarisierung der Zwischenkriegszeit. Es bedient sich einer klischeehaften Bildsprache der Zeit: Die Kommunisten sind hässliches Gewürm, das am staatlichen Steuersockel nagt; darüber finden sich Bürgerliche und Arbeiter am Topf zusammen, um ihre Steuerpflicht zu erledigen – üppig die Bürgerlichen, spärlich die Arbeiterfamilien.

1930/1938: Casino-Plakate

Mangolds Plakat für das Sommercasino beim St. Jakobs-Denkmal entstand 1930. Offenbar sollte es einige Jahre vor dem Verkauf des Gesellschaftshauses seiner dürftigen Frequentierung mit mehr Werbung entgegentreten. Die Gestaltung wird durch den ausgeprägten Hell-dunkel-Kontrast bestimmt. Eine leere nächtliche Szenerie, vom Mond fahl mitbeleuchtet, bildet den Vordergrund. Die stark perspektivisch ausgerichtete Gestaltung führt zum zentralen illuminierten Casino, in dessen Lichtkreis sich das Publikum unter Schirmen vergnügt. An den Rändern der nächtlichen Szene bummeln unter Baumsilhouetten schemenhaft vereinzelte Paare. Der grelle Lichtkontrast und der Farbklang erinnern an Van Goghs berühmtes Gemälde ‹Terrasse du café le soir› von 1888. Mangolds Bildidee muss auch anderen gefallen haben. Sie wurde – nur minimal abgewandelt – in einem Plakat für das Grand Café Restaurant La Rotonde in Neuchâtel kopiert.

Das Sommercasino beim St. Jakobs-Denkmal und das Stadtcasino am Barfüsserplatz sind Gründungen der Jahre 1822 und 1824, sie erfolgten jeweils durch einen Kreis vornehmer, zahlungskräftiger Basler.

Die Geschichte des Sommercasinos reicht ins frühe 19. Jahrhundert zurück. Einige Herren aus wohlhabenden Basler Kreisen erwarben im Zwickel zwischen den beiden Landstrassen nach St. Jakob und Münchenstein ein privates Landgut mit einem prachtvollen Garten. Es entstand die ‹Casino-Gesellschaft im St. Jakobsgarten›. Das war 1822. Sie beauftragte Johann Jakob Heimlicher (1798–1848) und Johann Jakob Stehlin d. Ä. (1803–1879) mit dem Bau eines ersten Gebäudes mit Festsälen nach einem Entwurf des Handelsherren Georg Von der Mühll-Burckhardt. Zwei Jahre später initiierte sie auch das Basler Stadtcasino am Barfüsserplatz, erbaut von Melchior Berri (1801–1854), mit dem berühmten Musiksaal von Johann Jakob Stehlin d. J. (1826–1894).

Das Sommercasino entwickelte sich zu einer Stätte ‹edler Geselligkeit› vor den Toren der Stadt. Der Kreis der Eintrittsberechtigten bestand aus den Mitgliedern der Allgemeinen Lesegesellschaft und der Gesellschaft für das Gute und Gemeinnützige (GGG). Alle anderen Interessierten mussten sich einem Wahlprozedere unterwerfen. Die exponierte Lokalität erlitt jedoch während der Wirren um die Kantonstrennung einen grossen Besuchereinbruch. Im Sommer 1831 wurden deswegen Bilder, Möbel und anderen Wertgegenstände vorsorglich ins Stadtcasino überführt. Die Mitgliederzahl ging zurück. Der Besuch von Konzerten und Tanzveranstaltungen war überdies vom Wetter abhängig. Es bereitete nur mässiges Vergnügen, wenn man im Winter auf schnee- und eisbedeckten Wegen zu einer musikalischen Soirée hinausstapfen musste. Aber das Sommercasino überlebte die Krise und gewann in der zweiten Hälfte des 19. Jahrhunderts wieder deutlich an Zuspruch. 1875, unter dem Druck der sich erweiternden Stadt mit den neuen Aussenquartieren und der Eisenbahn, öffnete sich das Sommercasino einem breiteren Publikum und vielseitigen Aktivitäten wie Hochzeiten oder sportlichen Anlässen.

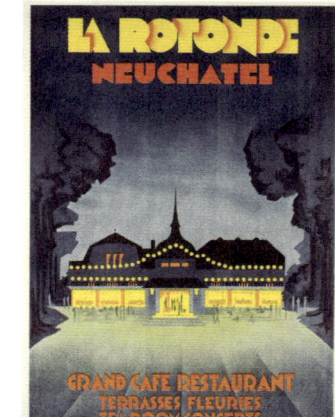

30/31 Original und Imitat: Mangolds 1931 entstandenes Plakat für das Sommercasino adaptierte ein Nachahmer (signiert ‹MB›) für das Restaurant La Rotonde in Neuchâtel

32 Dieses Plakat aus dem Jahr 1938 warb für die letzten Quodlibet-Maskenbälle vor dem Abriss des alten Stadtcasinos

Im selben Jahr erweiterte Stehlin d. J. den Bau, er bot nun mehreren Hundert Personen Raum und Wetterschutz. Trotzdem rissen die wirtschaftlichen Schwierigkeiten nicht ab, auch nicht, nachdem die Trägerschaft mit der des Stadtcasinos 1907 fusioniert hatte. Mangolds Plakat stammt von 1931, als die Casino-Gesellschaft bereits einen Verkauf des Sommercasinos ins Auge fasste. 1937 übernahm schliesslich der Kanton die Liegenschaft und trat sie in den 1960er-Jahren der Basler Freizeitaktion (heute JuAr) auf 100 Jahre im Baurecht ab. Die Grünfläche fiel an die Christoph Merian Stiftung und geniesst heute Schutz als Christoph Merian-Park.

Der Verkauf des Sommercasinos 1937 stellte der Casino-Gesellschaft die Mittel für einen Neubau des Stadtcasinos zur Verfügung. Das 1824 von Melchior Berri errichtete ‹Wintercasino› am Barfüsserplatz wurde auch von der Casino-Gesellschaft betrieben und fand wachsenden Zuspruch. Es konnte von Aktionären und Abonnenten für private Anlässe genutzt werden und stand musikalischen Gesellschaften wie der Konzertgesellschaft, dem Gesangverein oder der Liedertafel zur Benützung frei. «Zweck des Instituts blieb unverändert bis heute: im Interesse des kulturellen, musikalischen und gesellschaftlichen Lebens der Stadt, unter Ausschluss jeglicher Erwerbungszwecke, gemeinnützig und ehrenamtlich zu wirken.»[14] Allerdings war es lange Zeit eine exklusive Gemeinnützigkeit für die besseren Bürgerinnen und Bürger der Stadt. Das Casino wurde in diesem Sinne – wie das Opernhaus Zürich in den 1980er-Jahren – zum Symbol der wohlhabenden Kulturelite und damit auch zum Ziel für Protestaktionen. 1918 fand etwa der ‹Casinosturm› statt, als Mitglieder der Jungsozialisten nach nach einer Teuerungsdemonstration mit zwölf- bis fünfzehntausend Teilnehmern Scheiben, Geschirr und Mobiliar des Stadtcasinos zertrümmerten und die dinierenden Gäste in die Flucht schlugen.

In enger Verbindung stand das Stadtcasino mit dem Quodlibet. Der bürgerliche Kulturverein war 1858 mit dem Zweck gegründet worden, durch verschiedene Kunstgattungen den Mitgliedern «fröhliche und genussreiche Abende»[15] zu verschaffen. Dies geschah durch Musik- und Gesangsprogramme, durch Literatur- und vor allem Theaterabende, nach der Jahrhundertwende wurden zunehmend auch Basler Dialektstücke zur Aufführung gebracht. Quodlibet hatte zahlreiche Feste, später auch Bälle, beispielsweise für die Mustermesse, organisiert und das Fasnachts-Comité ins Leben gerufen. Wichtig waren die Montagsmaskenbälle im Stadtcasino. In seinem Vereinsblatt publizierte Quodlibet im Februar 1938 folgenden Aufruf:

«Mit dem Abbruch des schönen von Architekt Berry [sic] vor zirka 100 Jahren erstellten Restaurantteils wird kurz nach der diesjährigen Fasnacht begonnen. Die Kommission des Quodlibet ist deshalb der Meinung, es solle den Räumen, die den Forderungen der Neuzeit weichen müssen, den Mitgliedern und Freunden des Quodlibet Gelegenheit geboten werden, Erinnerungen an köstliche Stunden froher Ballfasnacht wach zu rufen und Abschied zu nehmen von den vertrauten Sälen und Plätzchen. [...] Das Quodlibet war und ist heute noch Träger der Basler Ballfasnacht. Wir bitten Sie deshalb herzlich, kommen Sie alle zum grossen Abschied vom alten Casino, lassen Sie den traditionellen Quodlibetgeist in originellen Costümen und bodenständigem Intriguieren sich auswirken. [...] Als Ballmusik für den Musiksaal ist die vollständig modernisierte Feldmusik mit ihrem sympathischen Dirigenten Loschelder verpflichtet worden, während in den oberen Sälen ein Jazzorchester den musikalischen Teil übernimmt.»[16]

Zu diesem Anlass schuf Burkhard Mangold – er sass selber in der Jury des Balls – ein eindrückliches Plakat: Ein mächtiger, orangenfarbener Vollmond blickt tränenden Auges hinter der Silhouette der Stadt auf die Abschiedsverbeugung einer grazilen ‹Alten Dame› ganz in Schwarz.

Nach dem Krieg fanden die Maskenbälle bis Ende der 1960er-Jahre ihre Fortsetzung im Varietétheater Küchlin. Der Verein Quodlibet überlebte nach dem Zweiten Weltkrieg als Ort bürgerlicher Pflege der Lokalkultur, heute existiert er nur noch als Bridge-Club.[17]

Das andere Basel
Einen festen Platz in der Geschichte der Basler Malerei hat sich Burkhard Mangold mit seinen Hafenbildern erworben. Sie bilden gewissermassen den Gegenpol zum bürgerlich-kulturellen und festlichen Basel und veranschaulichen jene Verbindung eines «Lokalpatriotismus ohnegleichen» mit einer «kosmopolitischen Veranlagung», wie sie Rudolf Bernoulli in seiner eingangs zitierten Würdigung hervorgehoben hatte.[18] Und so hat es Mangold in einem undatierten Entwurf zu einer Rede einmal selbst formuliert: «Was wäre mir Basler, wenn mer der Rhy nit hätte! Bsunders jetz, wo mer dur's ufläbe vo dr Schiffahrt direkt mit em Meer verbunde sin.»[19] Hier nun kommt das industrielle Basel zum Zug mit seinen Rheinschiffen, Gaskesseln und schlotenden Hochkaminen und mit seinen Arbeiterinnen und Arbeitern. Andrea Vokner hat die Rheinbilder in ihrer 2003 erschienenen Monografie bereits hervorragend behandelt und dokumentiert.[20] Hier sei der historische Moment dieser Arbeiten skizziert und eine Tuschfederzeichnung zum Thema vorgestellt.

Zu Beginn des 20. Jahrhunderts gewann die Rheinschifffahrt für Basel rasch an Bedeutung. Sie war in Ergänzung zur Eisenbahn unverzichtbar geworden für den Transport der gewaltigen Mengen an Kohle und Lebensmitteln, die Basels Industrie und die enorm gewachsene Stadtbevölkerung benötigten. Es war der Ingenieur Rudolf Gelpke (1873–1940), der 1903 mit einer gewagten Dampferfahrt von Strassburg nach Basel bewies, dass – bei ausreichendem Wasserstand – der Oberrhein mit Schleppdampfern befahrbar war. In der Folge konstituierte sich ein erster ‹Verein für die Schiffahrt auf dem Oberrhein›. 1911 ging der Industriehafen St. Johann in Betrieb. Noch aber war man von deutschen Schleppdampfern und Lastkähnen abhängig. Das änderte sich erst nach dem Ersten Weltkrieg. Auf der Basis des Versailler Vertrages konnte nun die Schweiz ein Mitspracherecht beanspruchen. In Bern wurde 1919 die Schweizerische Schleppschiffahrtsgenossenschaft (SSG), Basel, mit Paul Speiser als erstem Präsident gegründet.

33 Basler Industrieareal mit rauchenden Kaminen und einem Kran im Vordergrund, undatierte Tuschfederzeichnung

1922 war auch der Kleinhüninger Hafen fertiggestellt worden, vorerst mit nur einem Hafenbecken. Nun galt es, für die Genossenschaft eigenes Know-how zu entwickeln, Schleppkähne, Schiffe und Personal zu beschaffen und vor allem auch Interessenten für die Schifffahrt zu gewinnen: Acht Kantone machten mit sowie die SBB und der Verband Schweizerischer Gaswerke. Es gelang ihnen vereint, sich durch Krisen hindurch gegen die anderen Rheinuferstaaten zu behaupten. 1938 wandelte sich die SSG zur Schweizerischen Reederei AG, Basel, und die Schweiz teilte sich das Hafengelände mit ausländischen Firmen. Burkhard Mangold nahm es künstlerisch in immer neuen Skizzen, Zeichnungen und Gemälden in Besitz. Viele davon waren Auftragsarbeiten für Jubiläen und Festanlässe. Den Künstler faszinierten offenbar die moderne Logistik und Industrietechnik, die vielfältig verschränkten Transportmethoden mit Lastkränen, Laufkatzen, Schiffen und Eisenbahnwaggons. Und immer wieder zeigte er im Hintergrund das imposant hochragende Backsteinsilo aus dem Jahr 1923 von Hans Bernoulli (1876–1959). Es wurde 1926 gemeinsam mit dem ausgebauten Kleinhüninger Hafen eingeweiht und enthielt einen Speicher für 10 000 Tonnen Getreide. Ausgestattet war es mit dem modernsten Maschinen- und Lüftungssystem. Da sich die Kohlentransporte weitgehend in deutscher und niederländischer Hand befanden, spezialisierte sich die SSG auf den Getreidetransport.

    Auf Mangolds Rheinbildern finden sich häufig qualmende Kamine oder dampfende Boote. Es sind Bilder, die manchmal regelrecht zum Husten reizen und nicht ohne Ironie die Kehrseite des Wohlstand schaffenden Industriezeitalters offenlegen. So wie zu Basel die Chemie gehörte, gehörte zur Chemie die Umweltverschmutzung. Zu Mangolds Lebzeiten zog die durch Emissionen verpestete Luft durch die Arbeiterwohnquartiere in der Umgebung der Fabriken. Sie führte immer wieder zu Protesten wegen des Gestanks, Husten, Atemnot oder Übelkeit bei Kindern. Schon 1901, als an der Hammerstrasse ein Hausbesitzer wollte, dass ein benachbarter Baum gefällt würde, damit die Sicht auf seine Giebelwand mit grossen Reklamen frei wäre, entgegnete Stadtgärtner Scholer zuhanden des Baudepartements Folgendes: Der Baum sei gesund und müsse aus hygienischen Gründen stehen bleiben, denn gerade im Kleinbasel könnten «wegen den zahlreichen Rauchniederschlägen gar nicht genug Bäume gepflanzt werden».[21] Doch jene Zeit hatte kein Gehör für Umweltproteste. Man glaubte, das Emissionsproblem vielmehr lindern zu können, indem man höhere Rauchschlote baute, um deren Ausstoss weiträumiger zu verteilen und zu verdünnen. Berühmt wurde der 1957 von der Ciba errichtete 122 Meter hohe Hochkamin an der Klybeckstrasse. Nun wurde der Gestank in der ganzen Stadt bis aufs Bruderholz oder ins Neubadquartier wahrnehmbar. Aber das war bereits nach Mangold.[22]

Der Künstler wollte mit seinen Industriebildern jedoch kaum Umweltkritik betreiben. Die Hafen- und Industrielandschaften scheinen ihn vielmehr ästhetisch fasziniert zu haben, als funktionales, rhythmisches Zusammenspiel von Gebäuden, Infrastrukturen und Technik. Die im Staatsarchiv aufbewahrte Tuschfederzeichnung ‹Basler Industrieviertel mit rauchenden Kaminen und einem kleinen Kran im Vordergrund› ist ein typisches Beispiel für seine Arbeiten. Das Blatt war sicher keine Auftragsarbeit. Kamine durchrauchen den Himmel, unter ihnen sieht man eine vielgliedrige Industrielandschaft, mit Silos, Werkhallen, teilweise offenen Lageranbauten, den fabriktypischen rundbogigen Sprossenfenstern; auch ein Durchgangstor mit historisierenden Zinnen ist zu sehen, dann Schienenanlagen samt Güterwaggons und einem Logistikgebäude und schliesslich im Vordergrund der gleitende Kran, der die Ware vom Schiff auf die Bahn umlädt. Menschen? Sie gehen in der industriellen Inszenierung unter. Eine einzige winzige Figur befindet sich am linken Bildrand in dem ansonsten menschenleeren, sich moderner Abstraktion annähernden Geflecht aus Vertikalen und Diagonalen, die einen effizient verschränkten Umschlagplatz und ein verdichtetes Industriegefüge zeigen, hinter dem sich die Produktion des städtischen Reichtums verbirgt.

34 ‹Chemische Fabrik Sandoz Basel, Inneres eines Werkraumes›, undatierte Gouache-Malerei
35 Studie für das Wandbild des Gas- und Wasserwerks, vor 1924

Einblick in die chemische Industrie

Zur Basler Geschichte des letzten Jahrhunderts gehört untrennbar die chemische Industrie. Sie erwuchs ab Mitte des 19. Jahrhunderts aus den Seidenbandfärbereien und schaffte ihren grossen Durchbruch im Ersten Weltkrieg dank der Aufträge der Alliierten und der Sanktionen gegen die deutsche Chemie. Alsbald wurde die pharmazeutische Produktion zum wichtigsten Industriegeschäftszweig. Einblicke in die Arbeitswelt gewährte die Branche kaum. Fotografische Aufnahmen von Forschung und Produktion der chemischen Industrie waren im Allgemeinen strikt verboten, abgesehen davon, dass sich die chemischen Vorgänge oftmals ohnehin undurchschaubar in Kesseln und Röhren abspielten. Zudem waren die Lichtverhältnisse für das Fotografieren in den frühen Werkräumen schwierig. Wenn Innenräume gezeigt wurden, dann waren sie leer, ohne Chemiearbeiter.[23] Erst ab den 1950er-Jahren gewährte die Industriefotografie vielfachen Einblick in die hellen Laborräume.

So gesehen ist Burkhard Mangolds Bild ‹Chemische Fabrik Sandoz Basel, Inneres eines Werkraumes› durchaus ein Ausnahmewerk. Das Blatt ist undatiert, es stammt aber mit Sicherheit aus der Zwischenkriegszeit, als Bildindiz dafür genügen die Holzfässer. Drei sauber gekleidete Arbeiter hantieren in einem hellen, halbseitig geöffneten Raum, einer an einem Schmelzofen, einer an einem Riemengetriebe und der dritte an einer Press- oder Einfüllvorrichtung. Die Szene wirkt inszeniert, die Arbeiter werden in ihrer Tätigkeit und Kleidung liebevoll individuell behandelt. Schwer einzuschätzen, wie realistisch die Szene ist. Jedenfalls haftet der Darstellung nichts von der immer wieder erwähnten Gesundheitsgefährdung der Arbeiter an, nichts vom Dreck oder der schlechten Luft. «Man muss es miterleben, um zu begreifen, wie es einem zumute ist, jeden Tag in Säuredämpfen und sonstigen ätzenden Ausströmungen zu arbeiten, abgesehen von den an den Kleidern und der Haut anhaftenden Stoffen», hiess es 1917 in einer Gewerkschaftszeitung.[24] Nach dem Ersten Weltkrieg begannen sich die Zustände, insbesondere die Schutzvorrichtungen, allmählich zu verbessern.

Der Berufsstand der Chemiearbeiter, ursprünglich wurden sie aus Ungelernten rekrutiert, war zwar allmählich bessergestellt, bei den Zeitgenossen blieben sie aufgrund ihrer Farbverschmutzungen aber noch lange als ‹Papageien› in Erinnerung. Die Einführung von Duschen hatte neue Risiken zur Folge, weil die starken Waschmittel die Haut auslaugten und krankheitsanfällig machten. Mangolds Bild war offensichtlich eine Auftragsarbeit. Wahrscheinlich lag ihr eine Fotografie zugrunde.

Elend der Proletarier

Im Künstlernachlass von Burkhard Mangold befindet sich ein undatiertes Bild, das in seiner drastischen, fast gespenstischen Darstellung auffällt: ein Proletariermilieu bei Nacht. Im Zentrum des Bildes ist eine kopftuchbedeckte Frau mit bleich-starren Gesichtszügen zu sehen, die mit der Hilfe eines barfuss laufenden Buben und eines Mädchens einen gedeckten Korbwagen über das von einer Laterne spärlich beleuchtete Kopfsteinpflaster zieht. Ihr blauer Rock ist geflickt. Auf der rechten Seite kommt eine gelb gekleidete Frau mit Aschenbottich die Treppe hinunter, eine Untermieterin? Ganz links angeschnitten erkennen wir hinter einem Fenster eine weitere Frau beim Kochen; auf der Strasse schleppen zwei Männer schwere Lasten: Rechts buckelt einer einen Sack Kohle in den Keller hinunter, links hat einer ein schweres Werkstück von einem Wagen gehoben, vielleicht aus Metall. Von hinten kommt ein weiterer grauer Mann, er durchschreitet gerade einen rundbogigen Durchgang. Wortlos mühen sich die Menschen – jeder für sich – auf engem Platz unter Gaskesseln, Silotürmen und Kaminen vor einem geisterhaft rot erleuchteten Himmel. Das düstere Bild, das stilistisch an die ineinander geschobenen Lichtwände von Mangolds Zeitgenossen Lyonel Feininger (1871–1956) erinnert, ist eine schonungslose Zusammenfassung dessen, was das Leben der Kleinbasler Arbeiterschaft noch im frühen 20. Jahrhundert ausmachte: nächtliche Schichtarbeit, Enge, Plackerei, Kommunikationslosigkeit, freudlose Kindheiten, Entbehrungen.

Was soll zum Proletarierelend von historischer Seite ergänzt werden? Zentrum des Arbeiterelends war das Klybeckquartier, das auch Mangold sich in seinen Bildern darstellt: Die Regel waren viergeschossige Reihenhäuser mit Dachstockwohnungen. Auf jeder Etage waren zwei Zweizimmerwohnungen, in denen sich Familien mit vier und mehr Kindern Raum und Betten teilten. Die Lukasstiftung verteilte allen bedürftigen Kindern das gleiche graue ‹Schülertuch›, das man einmal im Jahr abholen konnte, um daraus Kleider zu nähen: Gleichzeitig war man abgestempelt. Kinder mussten mitverdienen, damit Miete und Mahlzeiten bezahlt werden konnten. Die engen Verhältnisse brachten Gewalt in den Familien und Streit zwischen Nachbarn hervor, aber auch Solidarität in Notlagen und man teilte Suppe und Kartoffeln. Die Arbeit bestand aus 11-Stunden-Tagen und 6-Tage-Wochen, Familienferien gab es nicht. «Wer im realen, brutalen Kampf ums tägliche Brot, um sein Recht, um Arbeit, um einen Platz an der Sonne, täglich, stündlich mitten drin steht, dessen Seele wird so zerschlagen und abgestumpft, dass sie für eine kirchliche Verkündigung schlechterdings kein Verständnis mehr aufbringen kann. Die Gesetze, welche in der Mietskasernenwelt herrschen, die Notwendigkeit, dass die Mutter auf Arbeit geht, die Hausarbeit, die am Sonntag gemacht werden muss, der Kampf ums Dasein im buchstäblichen Sinne des Wortes, all das muss eine Menschenseele ersticken.» Mit diesen Worten versuchte Mathilde von Orelli (1891–1983), Initiantin des Hilfswerks Ulme, in einem Vortrag ein bürgerliches Publikum auf die ihm weitgehend unbekannte Realität der Kleinbasler Arbeiterschaft aufmerksam zu machen.[25]

36–38 Diese drei grossformatigen Gemälde von 1924 waren Auftragsarbeiten für das damals neu erbaute Verwaltungsgebäude des Gas- und Wasserwerks an der Margarethenstrasse, heute hängen sie im Roche-Turm Bau 2

Die mit Gouache-Farben kolorierte und gehöhte Bleistiftzeichnung auf grauem Karton ist eine Studie für eine Malerei auf Leinwand, ein grossformatiges Wandbild, die 1924 im Auftrag des Gas- und Wasserwerks (heute IWB) für dessen neuen Verwaltungsbau in der Margarethenstrasse 40 entstand. Heute sind die drei zusammengehörigen Bilder Teil der Kunstsammlung des Basler Pharmakonzerns F. Hoffmann-La Roche Ltd, sie sind – restauriert und neu gerahmt – im Liftfoyer der 15. Etage des Roche-Turms Bau 2 ausgestellt.

Das Blatt (s. Abb. 35) ist der Entwurf oder die verkleinerte Entsprechung des weniger grau als rot glühend erscheinenden grossformatigen Bildes. Die Milieuschilderung entstand in derselben von der Nachkriegskrise geprägten Zeit, in der Mangold auch die Glasmalereien für die Basler Leonhardskirche (1918–1921) geschaffen hat. Von ihnen gibt es nur noch Entwurfszeichnungen und Fotografien; motivisch enthalten auch sie stilisierte Darstellungen von unter dem Leid und der Last gebückten Figuren.[26] Mangolds beeindruckendes Bild ist eine kompositorische Verdichtung der damaligen Elendssituation, eine selten ernste, ungeschminkte Darstellung des ‹anderen› Basel (s. Abb. 78/79).

Chronist des Übergangs
Burkhard Mangold hatte nicht nur einen Blick für Basels Vielfalt, sondern auch für den historischen Wandel der Stadt. Der Rhein blieb dabei für ihn die über alle Zeiten prägende Kernlandschaft, an der sich in den Motiven der Fischerboote und Dampfschiffe, des Münsters und des Hafens die Spannung zwischen dem traditionellen und dem modernen Basel zeigte. Das Alte bewahren und das Neue zulassen, könnte sein Credo gewesen sein. Mangold erzeugte künstlerisch immer wieder jenen Humor, der das Ungleichzeitige im Gleichzeitigen gestaltet. Das gilt insbesondere für seine Kalenderbilder. Wählen wir als zusammenfassenden Abschluss deshalb das Kalenderblatt von 1943.

Die Strasse wird zum Spiegel des städtischen Lebens: Die Bottminger Gemüsefrau mit dem Handkarren, der Rossbollen sammelnde Bub, das Pferdegespann vor herrschaftlicher Kalesche samt Dame unterm Sonnenschirm, der Abfallwagen, aber auch der von einem Italiener gezogene Kohlenwagen, aus dem eine Frau ein Stück zu stibitzen scheint – Bilder einer allmählich verschwindenden Welt. Ihnen gegenüber stehen Motive, die die Moderne anzeigen: Tram und Litfasssäule, davor eine Sanitäterin in Hosen sowie der reiche Altstoffsammler im Rolls-Royce. Und dazwischen in eigentümlicher Komik eine Krankenschwester auf dem Fahrrad und eine Mutter mit Sonnenbrille samt zwei Kindern auf einem anderen Rad – ein Bild voller erzählerischer Details, in dem sich Alt und Neu fröhlich, aber nicht ganz ungefährlich begegnen: Eine Gesellschaft im Wandel, eine zugleich städtische und provinzielle Gesellschaft, die Vielfalt lebt als Grundlage friedlicher Gemeinschaft. Da ist sie wieder, Burkhard Mangolds Lebensbejahung, auch 1943, noch mitten im Weltkrieg.

1 9 4 3

Au uff dr Schtroß-isch
allerhand los-alles fahrt
Velo-ganzi Familie-alti
Dante-Gränggeschwestere
und Lieferante / d'Mischt-
wäge-n-und alti Gytschli
mit Resser-Auto mit Holz-
kohle-s'wird allewyl
besser / und wegenem
Massegmiesaabau-kauft
keini meh by dr Bottmiger-
frau / d'Rossbolle-n-und
d'Zytig bigährti Artikel-
und dr Altschtoffsammler
het s'scheenschti Vehikel.

Wassermann A·G·Graph. Anstalt · Hardstr. 43 Basel
Telephon 4 30 79

Andrea Vokner
Ein Leben für die Kunst
Künstlerbiografie

Burkhard Mangold wirkte als Maler und Grafiker, er zählt zu den Pionieren der Plakatkunst, war Entwerfer für Glasmalereien, Buchillustrator, gestaltete darüber hinaus Kostüme für Festspiele, war aber auch als leidenschaftlicher Sänger und Laienschauspieler bekannt. Sein umfangreiches Œuvre, das zwischen dem Ende des 19. Jahrhunderts bis zum Jahr 1950 entstand, zeugt von seiner unermüdlichen Schaffenskraft und spiegelt stilistische Tendenzen von Impressionismus, Historismus, Jugendstil, Art déco und Neuer Sachlichkeit.
Obschon man seinen baugebundenen Kunstwerken in Basel beinahe auf Schritt und Tritt begegnet – sei es am Rathaus, am Spalenberg, beim Rheinhafen, im Bahnhof SBB oder in zahlreichen öffentlich zugänglichen Gebäuden –, ist sein Name mit den Jahrzehnten etwas in Vergessenheit geraten.[27]

Es wäre verfehlt, Mangold nur als ‹lokale Grösse› abzutun, denn zu seiner Zeit war er auch über Basel hinaus ein gefeierter Künstler; unbestritten ist zudem sein Verdienst um die Entwicklung der Schweizer Plakatkunst. Diesem Bereich seiner Arbeit wurde bereits 1984 in einer Ausstellung des Museums für Gestaltung Zürich eine entsprechende kunsthistorische Würdigung zuteil. Daneben haben zahlreiche Überblicksdarstellungen zur Schweizer Plakatkunst des 20. Jahrhunderts Mangolds Pionierrolle beschrieben.[28] Sein Name hat selbstverständlich Eingang in einschlägige Fachlexika gefunden, meist jedoch mit deutlicher Akzentsetzung auf sein grafisches Werk. Auch Mangolds Beschäftigung mit der Glasmalerei wurde kunsthistorisch eingehend gewürdigt.[29]

Eine monografisch-thematische Ausstellung war 2004 im Basler Museum Kleines Klingental zu sehen, basierend auf dem 2003 erschienenen Buch ‹Burkhard Mangold – Rheinbilder›.[30] Bisher fehlte jedoch ein Überblick über sein weit verzweigtes Gesamtwerk. Einen repräsentativen Eindruck von Mangolds einstiger Popularität mag ein Ausschnitt aus einem Zeitungsartikel vermitteln, der 1943 anlässlich der Jubiläumsausstellung zu seinem 70. Geburtstag in der Kunsthalle Basel erschienen ist: «Morgen, Freitag, 10. September, feiert unser Mitbürger Burkhard Mangold, Kunstmaler, seinen 70. Geburtstag. Obgleich er jegliche Erwähnung dieses Anlasses in seiner übergrossen Bescheidenheit ablehnen wird, freuen wir uns, ihm zu diesem Ehrentag auch öffentlich recht herzlich zu gratulieren. Sein künstlerisches Lebenswerk ist so mannigfaltig, dass sich alle Kollegen älterer und jüngerer Generation vor den bedeutenden Leistungen respektvoll verneigen. Grosse Beherrschung der verschiedensten Techniken macht ihn zum Meister. Wer Burkhard Mangolds Werden verfolgt hat, der weiss, wie er am Anfang des Jahrhunderts als Führender im Gebiet der Werbegraphik bahnbrechend gewirkt hat. Das künstlerische Plakat, das er in der Schweiz zu hoher Blüte gebracht hat, zeigt ihn in der damaligen Zeit an der Spitze. Aber auch die Gelegenheitsgraphik, die reizenden Lithographien und Holzschnitte für alle möglichen Anlässe, die Neujahrskarten, Kalender, Einladungskarten, Geburts- und Verlobungsanzeigen, Exlibris, Diplome, die Buchillustrationen und Bilderbogen, um nur einzelnes herauszugreifen, zeugen von seiner unerschöpflichen Phantasie und seiner überlegenen Meisterhand. Es gibt wenige Maler, die das künstlerische Gebiet der Schrift so beherrschen wie er.»[31]

40

41

Anfänge als Dekorationsmaler

In seinen handschriftlich verfassten Erinnerungen[32] hat Mangold seinen Werdegang nachgezeichnet. Er blendet darin zurück bis zu seiner Kindheit und nennt etwa die Kurse der Zeichen- und Modellierschule am Steinenberg, die er als Schüler regelmässig besuchte, als eine der wichtigen Grundlagen seiner künstlerischen Ausbildung.

Einen künstlerischen Weg einzuschlagen, war ihm nicht vorgegeben: Am 10. September 1873 in Basel geboren, wuchs er als eines von vier Kindern in einer eher bescheidenen bürgerlichen Familie an der Wallstrasse auf. Der Vater arbeitete über fünfzig Jahre lang im Polizeidepartement.

Mangolds Talent wurde früh erkannt: In der 8. Klasse durfte er Kunstkurse an der Allgemeinen Gewerbeschule besuchen, wo er am Unterricht des bekannten österreichischen Kunstmalers Fritz Schider (1846–1907) teilnahm. Schiders ‹Plastisch-Anatomische Studien für Akademien, Kunstgewerbeschulen und zum Selbstunterricht› (1891–1894) gehörten lange Zeit zum Grundlagenwissen eines jeden angehenden Künstlers. Schider war es auch, der Mangold erstmals mit Werken der französischen Impressionisten bekannt machte.[33] Mangold erhielt die Erlaubnis seiner Eltern, das Gymnasium vor der Matura abzubrechen, und besuchte weitere Kurse an der Allgemeinen Gewerbeschule. Später absolvierte er eine dreijährige Lehre als Dekorationsmaler in der Basler Malerwerkstatt von Louis Schwehr.

Mit seinem Freund Hans Frei (1868–1947), der sich später einen Namen als Graveur und Medailleur machte, zog Mangold nach Paris. Dort beeindruckten ihn vor allem die dekorativen Malereien von Pierre-Victor Galland (1822–1892) – für Mangold war diese Zeit vermutlich der Beginn seiner eingehenden Beschäftigung mit dem Ornamentalen und dem Werk von Puvis de Chavannes (1824–1898). Auf das Jahr in Paris folgte von 1894 bis 1900 ein längerer Aufenthalt in München. Mangold studierte dort an der Privatschule von Friedrich Fehr. In dieser Zeit interessierte er sich vor allem für die Lithografie. Nebenbei wirkte er als Amorettenmaler und unterhielt zusammen mit seinem Freund Carl Schneider ein Atelier für dekorative Kunst.

40   Selbstporträt aus dem Jahr 1939, Aquarell auf Karton
41   Selbstporträt aus der Münchner Zeit, Mischtechnik auf Karton, 1898
42   Mangolds Atelier im Garten seines Wohnhauses Bachlettenstrasse 70, 2002

Der Vermittlung seiner Münchner Freunde verdankte er einen prestigeträchtigen Auftrag, der ihn 1896 einen ganzen Sommer lang beschäftigte: Mangold reiste in die Karpaten, wo er sich der Fassadenmalerei von Schloss Peleş widmete, der Sommerresidenz des rumänischen Königs Carol I. – ursprünglich Karl von Hohenzollern-Sigmaringen, der 1866 Fürst von Rumänien wurde und 1881 den Thron des neuen Königreichs bestiegen hatte. In das Neorenaissance-Schloss in den Bergen, nahe des Klosters Sinaia, etwa 140 Kilometer nördlich von Bukarest, beriefen König Carol I. und seine Frau Elisabeth, auch bekannt unter ihrem Dichterpseudonym ‹Carmen Sylva›, mehrere führende Künstler der Wiener und der Münchner Schule, so auch Gustav Klimt und Franz Matsch.

Mangold eilte ein guter Ruf voraus, der ihm den Weg zu einer Anstellung als Lehrer an der Städtischen Malschule München ebnete. Hier blieb er jedoch nur kurze Zeit: «Die Lehrtätigkeit befriedigte mich aber nicht – ich sie vielleicht auch nicht»[34], meinte er lakonisch; ihn drängte es zur Rückkehr nach Basel.

Das Atelier in der Bachlettenstrasse

Nach den Jahren in München und einer längeren Italienreise im Winter 1898/99 kehrte Burkhard Mangold 1900 nach Basel zurück, wo er sich mit seiner Frau Katharina, die aus Remlingen bei Würzburg stammte, niederliess. Kennengelernt hatte er Katharina, die als Missionsschwester in der Krankenpflege tätig war, während seiner Münchner Zeit. Über Katharina, geb. Krauss, mit der er 39 Jahre lang glücklich verheiratet war, ist wenig bekannt. Burkhard Mangold beschrieb sie als einen tiefgläubigen, aufopferungsvollen und bescheidenen Menschen von grosser Herzlichkeit. Zu den schönsten Familienerinnerungen zählten die regelmässigen Besuche im Spessart, der ländlichen Heimat seiner Frau, was Mangold auch in zahlreichen Skizzen und Bildern festgehalten hat.

Die Eltern Mangolds hatten mittlerweile das Geburtshaus an der Wallstrasse verkauft und im Bachlettenquartier ein Haus mit Garten erworben. Dort, an der Bachlettenstrasse 70, im Hinterhof des Elternhauses, richtete sich Mangold ein Atelier ein.

Erbaut wurde es von den Gebrüdern Stamm mit stilistischen Anleihen im Jugendstil, bemalt und dekoriert von Mangold selbst. Die Flachreliefs an den Fassaden stammen von Mangolds Schwager Jakob Hoffmann. Sogar die Ofenkacheln liess er nach eigenen Vorlagen bei einem Nürnberger Hafnermeister anfertigen und auch für das Design des Mobiliars zeichnete er selbst verantwortlich. Heute noch übt das einzigartige Atelier, auch wenn das ursprüngliche Interieur weitgehend verloren ist, einen merkwürdig faszinierenden Reiz aus: Fast wie ein ‹Mausoleum› steht es unbemerkt mitten in einem unscheinbaren Hinterhof und kündet als Zeitinsel von einer längst vergangenen, spannungsreichen Stilepoche.

Kaum zurück in Basel, liessen grössere Auftragsarbeiten nicht lange auf sich warten: 1901 entwarf Mangold die Kostüme für das Festspiel zur 400-Jahr-Feier von Basels Eintritt in die Eidgenossenschaft; er illustrierte den dazugehörigen Festführer, konzipierte den Festumzug und widmete sich der Gestaltung der Bühnenbilder für das opulente historische Schauspiel aus der Feder Rudolf Wackernagels (1855–1925), das am Fusse des Margarethenhügels aufgeführt wurde.[35]

Anschliessend wurde er mit der Ausführung zahlreicher Fassadenmalereien beauftragt, etwa am einstigen Hotel und Restaurant Bären (später Hotel Baslerhof) in der Aeschenvorstadt (1903), mit je einem Fries in der Aula des Gotthelfschulhauses (1903) und in einem der Sitzungszimmer des Basler Rathauses (1904), um nur einige Beispiele zu nennen (vgl. in diesem Buch das Kapitel ‹Mangold auf Schritt und Tritt›). Der eigentliche Durchbruch in der Schweiz gelang ihm jedoch mit der Prämierung seines Plakats für das Eidgenössische Sängerfest in Zürich 1905 (s. Abb. 105).

Auf diesen Auftakt folgten ungezählte Aufträge in unterschiedlichem Umfang und Massstab sowie in allen nur denkbaren künstlerischen Techniken – vom Exlibris bis zu Fassadenbildern, von der Buchillustration bis zur Glasmalerei, von der Menükarte bis zur Plakatserie.

Seine Anerkennung als Künstler zeigt sich nicht zuletzt darin, dass Mangold mit mehreren Ämtern betraut wurde. So präsidierte er von 1901 bis 1904 die Basler Künstler-Gesellschaft, er war in den Jahren 1909 bis 1911 Mitglied der Eidgenössischen Kunstkommission (1909 und 1910 deren Präsident) und entschied als Bundesexperte über die Einfuhr ausländischer Kunstwerke mit. Von 1915 bis 1918 unterrichtete er an der Allgemeinen Gewerbeschule Basel die Fächer Lithografie und Glasmalerei; viele Jahre lang wirkte er hier zudem als Präsident und Mitglied der Prüfungskommission.

Ein Leben für die Kunst – Künstlerbiografie

Erinnerungen an Zeitgenossen

Im ‹Basler Jahrbuch› von 1948 meldete sich Mangold in einem Artikel selbst zu Wort – die Redaktion des ‹Basler Jahrbuchs› hatte ihn damit beauftragt. In seinen lebhaft geschilderten ‹Maler-Erinnerungen› richtete er ein Streiflicht auf die damalige Kunstszene der Schweiz und vermittelte ein eindrückliches, von zahlreichen persönlichen Erinnerungen geprägtes Bild.[36] Von seinen Basler Kollegen erwähnt er etwa Hans Frei, dessen Werke, zusammen mit denen von Eugen Ammann (1882–1978), ebenfalls an der Jubiläumsausstellung in der Kunsthalle 1943 präsentiert worden waren. Die höchste Wertschätzung formuliert er für den bekannten Basler Kunstmaler und Innendekorateur Franz Baur. Mit ihm verband ihn eine lebenslange Freundschaft, zugleich verdankte er ihm etliche Anregungen und Aufträge, etwa die Restaurierung von Wandgemälden an den Fassaden des Basler Rathauses, mit denen er 1931 zusammen mit seinem Malerkollegen Otto Plattner (1886–1951) fünf Monate lang beschäftigt war. Eine kleinformatige Karikatur aus der Feder Mangolds zeigt die beiden Malerkollegen auf einem Gerüst sitzend.

Natürlich durfte in besagten ‹Maler-Erinnerungen› auch Hans Sandreuter (1850–1901) nicht fehlen, dessen historische Fassadenmotive und Wandbilder Vorbildcharakter für Mangolds frühes Schaffen hatten. Geradezu fasziniert äussert er sich ausserdem über Ferdinand Hodler, den er verehrte als innovativen und stark umstrittenen ‹Antipoden› der damals eher traditionell-historisch schaffenden Maler, wie etwa Albert Welti oder Charles Giron. Mangold bewunderte Hodler nicht nur als Künstler, sondern hegte auch Sympathie zu ihm als Mensch, dies deutet er jedenfalls in wenigen Worten bei der genüsslichen Schilderung eines ‹Bacchanals› zu Hodlers 60. Geburtstag an. Erwähnung als geschätzte Künstlerkollegen finden in Mangolds Schrift auch Abraham Hermenjat, Giovanni Giacometti und Cuno Amiet.[37]

43 Private Künstlerkarte, Burkhard Mangold (oben) und Otto Plattner (unten) restaurieren ein Wandgemälde am Basler Rathaus
44 Burkhard Mangold mit einem seiner Söhne, private Künstlerkarte

Familienmensch

Burkhard und Katharina Mangold-Krauss hatten drei Kinder: Burkhard, Jörg und Eva-Maria (genannt Evi). Stolz erwähnt Mangold in seinen privaten ‹Erinnerungen› deren künstlerische Begabungen; offensichtlich waren alle drei sehr musikalisch. Sohn Jörg, der später Pfarrer wurde, war zudem als Illustrator sehr begabt. Der älteste Sohn, ebenfalls mit Namen Burkhard, studierte Altphilologie, unterrichtete Latein und galt als hervorragender Violinist und Bratschist. Evi absolvierte eine Lehre als Buchbinderin und spielte in ihrer Freizeit gerne Klavier. Von ihr ist ausserdem bekannt, dass sie eine Vorliebe für schöne Bücher hatte – eine Begeisterung, die sie mit ihrem Vater teilte, der sich in einer späteren Lebens- und Schaffensphase intensiv mit der Buchillustration auseinandersetzte, vor allem mit Holzschnitten.

Die Ferien verbrachte die Familie meist, wie erwähnt, im Spessart, ansonsten weilte sie mehrfach auf einem Hof in der Nähe der Farnsburg, gelegentlich am Bielersee; berichtet wird auch von einem Aufenthalt im italienischen Pura. Im Nachlass des Künstlers befinden sich zahlreiche handgemalte Postkarten, auf denen Mangold sich selbst karikierte oder lustige Augenblicke mit der Familie festhielt.

Die Musik spielte in der Familie Mangold stets eine bedeutende Rolle, waren doch bereits Mangolds Vater, Johann Burkhard Mangold-Stänz, wie auch Burkhard Mangold selbst aktiv im Gesangverein, ebenso im Chor der E. Zunft zu Fischern. Bei der Basler Liedertafel war Mangold ‹Freimitglied›, im Nachlass sind etliche Kleindrucksachen erhalten, die er für diesen 1852 gegründeten Männerchor gestaltet hatte.

Mangold hatte mehrere Schicksalsschläge zu verkraften, insbesondere 1931 den frühen Tod seines ältesten Sohnes Burkhard und 1940 den Verlust seiner Frau, die er um zehn Jahre überlebte.

45 Mangold mit seiner Tochter Evi, Bachlettenstrasse 70, im Hintergrund das Atelier, private Künstlerkarte, 1906
46 Die Familie beim Einsteigen in den Zug, private Künstlerkarte, 1906
47 Familie Mangold im Ruderboot, kolorierter Holzschnitt als Neujahrskarte 1919
48 Katharina und Burkhard Mangold, um 1935

Nachtwandlerisch gute Einfälle und nagende Selbstzweifel

Beruflich waren Mangold Glück und Erfolg vergönnt, Auftrag reihte sich an Auftrag, aber darin lag zugleich die Crux: Das unermüdliche Arbeiten auf Bestellung hatte auch seine Tücken. «So blieb mir jahrelang wenig Zeit, mich mit der eigentlichen Malerei zu beschäftigen», urteilte er selbstkritisch und mass der Auftragskunst offenbar einen geringeren künstlerischen Wert bei als seiner freien Kunst. Vor dem Hintergrund seines reichhaltigen Werkes scheint das vielleicht müssig, Mangold jedoch haderte deswegen stets mit sich selbst. Unzählige Skizzen zeugen von einer immer neuen Formensuche. Seinen privaten Aufzeichnungen entnehmen wir mehrfach messerscharfe Selbstkritik und nagende Selbstzweifel: «Es ist eben doch deprimierend zu sehen, dass alles Gute mehr oder weniger ‹nachtwandlerisch› entsteht, fast ohne eigentliches ‹Verarbeiten›. Der Anlass bietet sich meist als plötzlicher Einfall, der meist nicht verfolgt wird, nur in den seltenen Fällen eines Weiterverfolgens nach weitern Einfällen ruft, die weder gesucht noch gewollt sind und schliesslich doch eine organische Folge darstellen. Und merkwürdigerweise zeigt sich diese Erscheinung meist in Zeiten, da ich mit Aufträgen sehr beschäftigt war und dann doch noch Zeit fand, diesen Einfällen nachzugehen. So muss ich mir immer wieder sagen: Alles, was gelingt, ist ein Geschenk. In flauen Zeiten warte ich oft vergeblich auf Antrieb und Einfälle. Manchmal aber auch, wo es darauf ankäme, das Beste zu leisten, versage ich vollständig, muss kalt und ohne innere Liebe suchen, einfach den Anforderungen zu genügen, wobei dann die allzu vielen Mittelmässigkeiten, die den ‹bürgerlichen› Ansprüchen wohl entsprechen, aber eigentlich immer Nieten sind. Und doch hofft jeder, der mir immer Auftrag gibt, auf das Resultat einer glücklichen Eingebung, und wird meist betrogen.»[38]

Unermüdlich suchte er sich zu verbessern, hielt rastlos zahlreiche Entwürfe auf irgendwelchen zufällig gesammelten Notizzetteln zusammen. Auch im Alter von 70 Jahren behauptete er von sich, er sei immer noch «von der Zeichensucht infiziert». Selbst kurz vor seinem Tod hegte er grosse Selbstzweifel: «Seit dem letzten Herbst scheint es mit meinen Fähigkeiten ziemlich rasch bergab zu gehen. Allerlei Unternehmungen sind mir gründlich missglückt. Manchmal nicht nur die Ausführung, sondern auch die Grundidee und Absicht. Und doch werde ich immer noch vor Aufgaben gestellt, die mir Gelegenheit bieten, etwas Bedeutendes zu leisten, aber gerade wenns darauf ankommt, versage ich. Das war auch oft früher so, wenn ich zurückdenke [...] und am besten wird immer noch das, was ich ohne grosse Anstrengung, halb tastend fertig bringe.»[39]

Am 17. Oktober 1950, im Alter von 77 Jahren, erliegt Burkhard Mangold den Folgen einer schweren Erkältung. Seine letzte Ruhestätte findet er im Familiengrab auf dem Wolfgottesacker am Stadtrand von Basel. Das mit einer einfachen Platte versehene Grab ziert die Metallfigur einer trauernden Frau, ein eindrückliches, äusserst melancholisch anmutendes Werk des Braunschweiger Bildhauers Jakob Hofmann, mit dem Mangolds Schwester Louise verheiratet war.

Mangolds künstlerischer Wegbegleiter Otto Plattner erinnerte in einem 1952 veröffentlichten Nachruf an seinen langjährigen Freund: «Trotz mannigfachem Leid, das er wie jeder in seinem Leben hat durchkosten müssen, blieb er ein Mensch voll unerschütterlicher Lebensbejahung und moralischer Energie, der stets wieder den Weg zur Sonnenseite des Lebens suchte und fand und sich durch nichts unterkriegen liess, eine Eigenschaft, die er bis an sein Lebensende bewahrte. [...] Burkhard Mangold besass einen grossen Freundeskreis, den er nicht zuletzt seinem offenen, liebenswürdigen und feinfühlenden Wesen und dem eigenen Bedürfnis, andern Freude zu bereiten, zu helfen und beizustehen, zu verdanken hatte. Darum ist sein Abscheiden gar vielen sehr zu Herzen gegangen.

Basel verliert einen typischen Repräsentanten und Förderer seiner Kultur, das Land einen hochbegabten und aktiven Künstler ganz eigener Prägung, seine Freunde und Berufskollegen einen Mitmenschen voll Hingabe, dessen sie sich stets voll Dankbarkeit erinnern werden.»[40]

Andrea Vokner

Mangold auf Schritt und Tritt
Wandbilder und Glasmalereien

Wer mit wachem Blick durch Basel geht, in der Absicht, im öffentlichen Raum auf einen ‹echten Mangold› zu stossen, wird rasch fündig. Burkhard Mangolds Werk begegnet einem auf Schritt und Tritt: so zum Beispiel in der Stadtmitte am und im Rathaus, in der ehemaligen Schalterhalle der Hauptpost, an den Fassaden des Restaurants zur Schuhmachernzunft, beim Haus zum Wolf am Spalenberg, im Buffet des Bahnhofs SBB, auf der Kleinbasler Seite im Sudhaus Warteck, an der Fassade vom Restaurant Schiff im Hafengebiet; der Weg geht weiter über die Aussenquartiere nach Basel West zum Gotthelfschulhaus, hin zum Zwinglihaus im Gundeli, um nur die wichtigsten Stationen zu nennen. Zu Mangolds Zeiten hätte sich diese Aufstellung noch deutlich erweitern lassen, doch etliche seiner baubezogenen Kunstwerke sind im Laufe der Jahrzehnte verschwunden; sei es, weil sie während eines Umbaus entfernt und magaziniert oder weil sie Sanierungen zum Opfer gefallen und zerstört worden sind.

49

50

Neben dem Erhaltenen und Verschwundenen gibt es auch einige nicht realisierte Entwürfe, die auf weitere Projekte baubezogener Kunst hinweisen: etwa für Wandbilder im historischen Steinenschulhaus oder im damals neu erbauten Kollegienhaus der Universität am Petersplatz, beides Vorhaben aus den späten 1930er-Jahren. In wenigen glücklichen Fällen haben sich abgenommene Wandbilder bis heute erhalten, so drei grossformatige Gemälde auf Leinwand, die 1924 im Auftrag des Gas- und Wasserwerks (heute IWB) für das Treppenhaus des neuen Verwaltungsgebäudes an der Margarethenstrasse entstanden waren und die seit 2023 im neuen Roche-Turm (Bau 2) als Teil der firmeneigenen Kunstsammlung gezeigt werden (s. Abb. 36–38).

    Unwiederbringlich verloren sind zum Beispiel die 1903 entstandenen Wandmalereien an der Fassade des einstigen Hotels Bären (später Baslerhof) an der Aeschenvorstadt 55. Das Hotel wurde 1976 im Zuge der Umgestaltung der Aeschenvorstadt abgerissen. Gemäss Mangolds Aufzeichnungen befand sich in einem Bogenfeld der Vorhalle des Restaurants auch eines seiner Wandgemälde, das die in den Jahren von 1903 bis 1905 abgerissene und durch den bis heute erhaltenen Neubau ersetzte alte Rheinbrücke zeigte. Von diesem monumentalen Wandbild und der figurenreichen Fassadenmalerei haben sich im Nachlass immerhin Entwürfe erhalten.

49	Entwurf für das Fassadenbild am Hotel und Gasthof zum Bären, Aeschenvorstadt 55, um 1903
50	Ansicht des ‹Bären› aus dem Jahr 1904; Mangold gestaltete auch die Brandwände der beiden Nachbarhäuser
51–55	Eine Serie von fünf lithografierten Postkarten zeigt Wandbilder des Restaurants zur Wolfsschlucht, Gerbergasse 50, die Mangold 1905 gemalt hat
56	Detail aus einem Fries mit historischen Motiven in der Aula des Gotthelfschulhauses, 1903

Auch von der um 1910 erfolgten Ausmalung des einstigen Restaurants zur Wolfsschlucht an der Gerbergasse 50 können wir uns aufgrund der erhaltenen Entwürfe und von fünf farbigen historischen Ansichtskarten zumindest eine Vorstellung machen.

Ein höchst repräsentatives Beispiel aus den frühen Jahren hat sich in der opulent ausgemalten Aula des Gotthelfschulhauses erhalten: ein breiter und figurenreicher Wandfries aus dem Jahr 1903. Er zeigt bekannte Szenen aus Basels Geschichte, farbenfroh gemalt, beschriftet und von reichen floralen Holzschnitzereien gesäumt. Die Schnitzereien setzen sich in üppig gestalteten Türrahmen und Supraporten fort, sogar die Fensterkreuze weisen Schnitzereien im gleichen Stil auf. Die Szenerie auf dem Fries erinnert an das Leporello, das Mangold 1901 anlässlich der 400-Jahr-Feier von Basels Beitritt zur Eidgenossenschaft gestaltete. Es zeigt einen historischen Festumzug: Dargestellt ist unter anderem der Bau der ersten Rheinbrücke (1225), die Schlacht bei St. Jakob (1444) und Bürgermeister Wettsteins Reise nach Münster/Westfalen (1646). Erinnert wird zudem an den Beitritt Basels zur Eidgenossenschaft (1501) und an eine vaterländische Feier aus der Zeit des Schulhausneubaus (1902). Ausserdem zieren Wappen und Rankenwerk den Fries.[41] Bei der Wettstein-Szene fällt ins Auge, dass der Diener des Bürgermeisters, der rechts im Vordergrund einen Reisekoffer trägt, Mangold verblüffend ähnlich sieht. Dies ist nicht weiter erstaunlich, denn Mangold setzte sich des Öfteren schalkhaft selbst ins Bild.[42]

Ein Vermächtnis im Herzen der Stadt

In der Schalterhalle der einstigen Hauptpost an der Rüdengasse begegnet uns baubezogene Kunst, die von einem gelungenen Zusammenspiel von ornamentaler Gestaltung sowie figürlichen Wand- und Glasmalereien geprägt ist. Mangold hat sich mit diesem Gesamtkunstwerk zweifellos selbst ein Denkmal gesetzt, umso bedauernswerter ist es, dass die Hauptpost 2021 geschlossen und ihrem ursprünglichen Verwendungszweck enthoben wurde.

Den prestigehaften Auftrag, die Schalterhalle auszumalen, erhielt Mangold, als er bereits schweizweit ein hohes Renommee hatte und als Präsident der Eidgenössischen Kunstkommission tätig war. In den Jahren 1909/10 wurden bei der Hauptpost an der Freien Strasse grössere Umbauarbeiten vorgenommen, Mangold sollte den Innenraum ausschmücken. Ein im Nachlass verwahrtes Blatt zeigt erste Bildideen aus dem Umfeld der Post: ein Kind, das einen Brief in den Kasten wirft, eine Postkutsche und einen Briefträger, der an der Haustür die Post übergibt. Die Motive dieses Entwurfs wurden nicht als Wandbilder realisiert, doch finden sie sich in den deutlich kleineren Glasbildern an der Fassade zur Rüdengasse wieder. Unter die grossen, von neogotischen Gratbogen überspannten Wandflächen der beiden Schmalseiten setzte er schliesslich eine Darstellung des ‹Ehemaligen Kaufhauses mit Posthof›, als Sujet für das Wandgemälde auf der gegenüberliegenden Seite wählte er den Verladequai am Elsässer Rheinweg. In diesen Motiven liess Mangold Vergangenes und Neues zusammentreffen: Einerseits erinnert er an das alte Kaufhaus, das als Vorgängerbau der Post an dieser städtebaulich zentralen Stelle stand, andererseits verbildlicht er mit dem Rheinhafen die moderne und zukunftsorientierte Industriestadt Basel.[43]

61 Mangold auf Schritt und Tritt – Wandbilder und Glasmalereien

Zum Hafenmotiv, das Mangold für diese Wandmalerei gewählt hat, hatte er zahlreiche vorausgehende Skizzen und Entwürfe gefertigt; dasselbe Motiv findet sich in kleinformatigen Varianten, etwa als Neujahrskarte 1911 oder auch als Illustration zum 50-jährigen Bestehen des Kaufmännischen Vereins 1912. Diese Sujetvariationen sind typisch für Mangold. In immer neuen Abwandlungen tastet er sich an das Potenzial bestimmter Stadtorte für sein künstlerisches Werk heran – gleichermassen und parallel in Auftrags- wie in freien Arbeiten.

Nicht nur die grossen Wandgemälde sind Mangold zuzuschreiben, sondern beinahe die gesamte künstlerische Ausstattung der Schalterhalle. Geradezu zauberhaft muten die schwarz-goldenen Ornamente an Säulen, Kreuzgewölben und Wänden an. Auch die Glasmalereien für die Partie zwischen Vor- und Schalterhalle gehen auf Mangolds Entwürfe zurück, sie zeigen typische Szenen aus den Arbeitsfeldern der Post. 1934 ergänzte er das bestehende Dekorations- und Bildprogramm um ein weiteres kleines Glasbild über der Eingangspartie, auf dem ein Postauto dargestellt ist.[44]

Zur Dekorationsmalerei an den gusseisernen Säulen existierte bereits aus der Zeit der Bauvollendung von 1880 eine erste Ausmalung nach Entwürfen von Friedrich Freiherr von Schmidt (1825–1891), dem Architekten des Gebäudes. Sie wurde, vermutlich nach Vorschlägen von Mangold, 1909/10 durch eine farblich gedämpftere, stärker stilisierte Malerei ersetzt. Anscheinend entsprachen aber auch diese ornamentalen Quaderimitationen mit Kletterpflanzen und spiralförmigen Ranken bald nicht mehr dem Zeitgeschmack, denn 1930/31 wurden sie weitgehend übermalt. 1977 kamen indes die Entwurfskartons für die filigranen Dekorationselemente wieder zum Vorschein, worauf der Zustand von 1910 wieder hergestellt wurde. Folglich darf das gesamte prächtige Ausstattungsprogramm, wie es sich heute präsentiert, wieder ganz auf Mangolds Konzept zurückgeführt werden.[45]

57 Nicht umgesetzter früherer Entwurf für die Wandgemälde in der Schalterhalle der Basler Hauptpost, 1910; vergleichbare Sujets zur Postgeschichte verwendete Mangold stattdessen in seinen Glasbildern für den selben Raum

58 Die Schalterhalle der Hauptpost im Jahr 1977 nach der Wiederherstellung der originalen Ausmalung von Mangold; das Wandbild im Hintergrund zeigt das ehemalige Kaufhaus

59 ‹Der Rheinhafen im Jahr 1910› – eines der beiden Wandgemälde in der Hauptpost an der Rüdengasse, auf dem Mangold den Industriehafen St. Johann zeigt, 1910

Mangold auf Schritt und Tritt – Wandbilder und Glasmalereien

60/61 Fassadenhalbreliefs nach Entwurf von Mangold am Gebäude Rheinsprung 1 / Ecke Eisengasse, ausgeführt von Bildhauer Carl Gutknecht, 1913/14
62 Motiv einer von Mangold gestalteten Werbekarte für die Confiserie zur Rheinbrücke, H. Spillmann, 1927
63 Gerüst am Haus Spalenberg 22, Mangold (auf der Leiter ganz unten) vermutlich mit seinen Malerkollegen Otto Plattner und Franz Baur, Künstlerkarte von 1917
64 Fassadenmalerei am Haus zum Wolf aus dem Jahr 1917, Spalenberg 22

Die Reliefs nahe der Mittleren Brücke

Auf die Zusammenarbeit von Burkhard Mangold mit dem Basler Bildhauer Carl Gutknecht (1878–1970) gehen zwei in Stein gehauene Halbreliefs zurück. Im voluminösen Wohn- und Geschäftshaus Rheinsprung 1 / Ecke Eisengasse, 1914 erbaut nach Plänen von Emil Faesch und Walter Faucherre, domizilierten anfangs die Confiserie zur Rheinbrücke von Heinrich Spillmann auf der dem Rhein zugewandten Seite und das Einrichtungsgeschäft Baur & Vogel an der Ecke zum Rheinsprung. Über den beiden Eingangstüren befinden sich bis heute die querformatigen Supraporten ‹Brückenbau› und ‹Schiffsverkehr›, die auf den geschichtsträchtigen Standort am Grossbasler Kopf der Mittleren Rheinbrücke verweisen. Mangold hatte 1913 den Entwurf für die beiden Reliefs geliefert, Gutknecht führte sie im porösen, grauen Stein der Fassade aus.

Der goldene Wolf am Spalenberg

Das 1350 erstmals erwähnte Haus am Spalenberg 22 war über Jahrhunderte ein Haus der Handels- und Kaufleute. Nach mehreren Handänderungen gelangte es in den Besitz der Familie Fischer, die mit verschiedenen Spezereien handelte. Die Firma wurde unter Emil Fischer-Lanz (1868–1945) fortgeführt, der sich auf den Grosshandel mit Kaffee und Tee konzentrierte. Fischer-Lanz war eine Basler Persönlichkeit, unter anderem Zunftmeister zu Gartnern und Mitgründer des Fasnachts-Comités. Es ist nicht bekannt, weshalb seine Wahl für die Neugestaltung der Fassade auf Mangold fiel, Berührungspunkte gab es jedoch viele. Mit dem Bildprogramm, das Mangold in Sgraffito-Technik auf zwei übereinanderliegenden Friesen angeordnet hatte, betonte er unmissverständlich die Funktion des Gebäudes als Handelshaus, was durch die exotisch anmutenden Gestalten aus fernen Kontinenten gezeigt wird.

Kaum merklich zieren die Initialen des Hausbesitzers und Auftraggebers («EFHzW» – Emil Fischer, Haus zum Wolf) den Deckel eines Fasses. Sparsam eingesetzte Goldelemente unterstreichen dezent die Exklusivität des Geschäftes, andererseits suggeriert das vergoldete Hauswappen, besagter Wolf, Werte wie Standesbewusstsein und Tradition. Dass Mangolds Darstellung des Wolfes auch Hermann Hesse, der viele Jahre in Basel lebte, als Inspiration für seinen 1927 erschienenen Roman ‹Steppenwolf› gedient habe, mag eine Legende sein, ganz auszuschliessen ist es nicht. Die auffällige Fassade, deren Entstehung auf das Jahr 1917 zurückgeht, ist zumindest im Stadtbild Basels nicht zu übersehen; sie ist ein beliebtes Fotosujet am Spalenberg und erinnert auch heute noch, da im Laden selbst schon längst andere Waren angepriesen werden, an die frühe Kolonialzeit und an die kostbaren Waren, Gewürze, Öle, Südfrüchte, Tee und Kaffee, ja an den ‹Duft der grossen, weiten Welt›.[46]

Zwei Schutzpatrone der Schuhmacher

Beim Restaurant zur Schuhmachernzunft am unteren Spalenberg, Hutgasse 6 / Ecke Glockengasse, ziehen weitere Wandmalereien Mangolds die Blicke auf sich.[47] Neben kleineren Bildfeldern stechen insbesondere zwei grosse Figuren ins Auge, die aufgrund ihrer Attribute leicht mit dem Namen des Restaurants in Verbindung gebracht werden können, heute aber wohl kaum mehr bekannt sind: Es handelt sich um zwei legendäre Schuhmacher, einerseits um den heiligen Crispin, Märtyrer und Patron der Schuhmacher, andererseits um Hans Sachs (1494–1576), den Poeten unter den Schustern. Mangold stellte Crispin der Legende nach als barmherzigen Schuhmacher dar, der einen Bedürftigen mit Schuhwerk beschenkt. Der zweite ‹Schutzpatron›, Hans Sachs, ist an seinen Insignien, einem Notenblatt und einem Hammer, erkennbar. Thematisch werden die beiden Hauptszenen von drei kleineren, annähernd quadratischen Bildfeldern ergänzt: So müht sich ein Gehilfe mit einem überdimensionalen, mit Sporen versehenen Stiefel ab, ein weiterer Geselle präsentiert stolz einen eleganten Damenschuh auf einem Tablett (ebenfalls in Übergrösse). Im dritten Bildfeld schliesslich hält ein Schustergeselle die geflügelten Schuhe des Götterboten Hermes unter dem Arm. Dass es sich bei dem Haus, dessen Fassade so reich geschmückt wurde, um ein Gasthaus handelt, erkennt man an einer Darstellung in einem längsrechteckigen Bildfeld: Vier Männer sitzen gesellig am Tisch und geniessen ihr Zunftmahl, bedient werden sie dabei von zwei Frauen, die ihnen aus schweren Krügen Bier einschenken. Der reich mit geometrischen Ornamenten und Inschriften bestückte Fries ist unter den hier erwähnten Beispielen wohl am ehesten als ein typisches Werk des Künstlers anzusehen. Dieser Ansicht war auch sein Malerkollege Otto Plattner (1886–1951). So schrieb er in seinem Nachruf ‹Erinnerungen an Burkhard Mangold›: «Ein typischer Mangold in Form und Charakter ist die Fassade der Schuhmachernzunft an der Hutgasse. Sein weitgehender Formensinn liess vielfach bei solchen Fassadendekorationen das Ornament vermehrt in Erscheinung treten.»[48] Mangold selbst habe überdies mehrfach betont, dass er ein «gelungenes Muster» als «schöne Abwechslung zwischen dem Figürlichen» erachte.[49] Auftraggeber dieser 1926 entstandenen Fassadenmalerei war Adolph Roniger (1880–1961), damals Direktor der Brauerei Feldschlösschen in Rheinfelden.[50] Roniger galt als grosser Kunstförderer und -sammler, war überdies ein Freund Mangolds. Unter all den Wappen der Basler Zünfte, die hier malerisch wiedergegeben werden, findet sich deshalb auch das bekannte Signet der Brauerei Feldschlösschen mit Doppelturmfassade aus Backsteinen, Zinnen, grossem Tor und einem Gerstenhalm.

65 Schuhmachernzunft, Hutgasse 6 / Ecke Glockengasse, um 1940

66/67 Wandbilder im Restaurant zum Braunen Mutz am Barfüsserplatz, von 1928; oben eine Darstellung des Barfüsserplatzes mit dem Leonhardsberg, unten während der Herbstmesse

Wandgemälde für Basels Gastronomie

Zwei Ölgemälde im Restaurant zum Braunen Mutz – sie befinden sich heute noch an ihrem ursprünglichen Standort – können als repräsentative Beispiele für zahlreiche ähnliche Auftragsarbeiten angesehen werden, die Burkhard Mangold für die Basler Gastronomie und Hotellerie ausführte. Die 1928 ausgemalten Lünettenfelder befinden sich in der Brasserie im Erdgeschoss des Restaurants und zeigen den Barfüsserplatz. Mangold wählte für das grössere Bild im hinteren Bereich die typische Ansicht des Barfüsserplatzes vor dem Panorama des Leonhardsbergs. Wie eine Kulisse hebt sich die farbige Häuserfront mit ihrer vielfältigen Dachlandschaft am Fusse des Leonhardsbergs vom dahinterliegenden Komplex mit der Leonhardskirche und dem damaligen Gefängnis Lohnhof ab. Sonnenstoren schützen vor dem gleissend hellen Sonnenlicht. Im Vordergrund ist der alte Trambahnhof erkennbar, davor sind ein paar Marktstände mit bunten Sonnenschirmen, im Hintergrund steht eine bunt beklebte Litfasssäule. Arbeitende und promenierende Menschen beleben die in lichte frohe Farben getauchte Szenerie.

Das kleinere Bild in der sogenannten Mutzenstube zeigt die gegenüberliegende Ansicht des Barfüsserplatzes. Mangold entschied sich hier für eine Darstellung des Platzes, wie wir ihn zur Zeit der Herbstmesse kennen: Reges Treiben bevölkert den Ort, vor einem Kasperletheater hat sich gar eine Menschenansammlung gebildet. Das Dunkel der Dämmerung wird von den Lichtern diverser Buden und Stände sowie von einem erleuchteten Karussell durchbrochen. Schemenhaft ist im Hintergrund die Westfassade der Barfüsserkirche auszumachen. Vereinzelt emporsteigende rosafarbene Rauchschwaden, vermutlich von Essensständen, lassen auf bereits kühle Herbsttemperaturen schliessen. Dieses für Basel ikonische Sujet taucht bei Mangold immer wieder auf, mit der markanten Silhouette der ehemaligen Barfüsserkirche, die seit 1894 das Historische Museum Basel beherbergt.

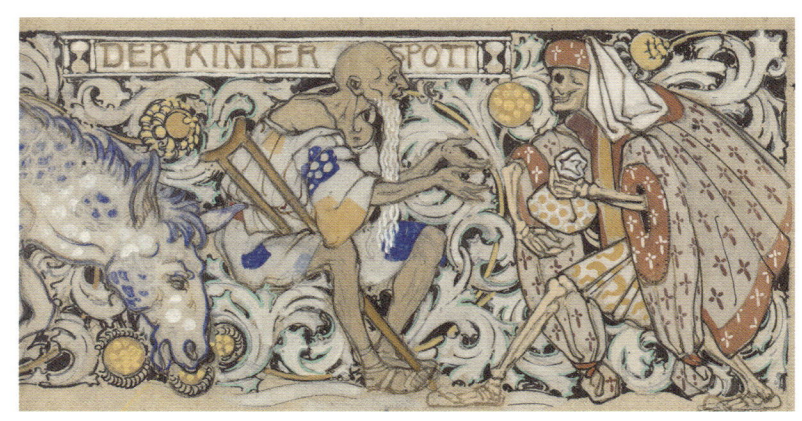

Die Gefangenen im Rathaus-Kerker

Mangold war wiederholt am Basler Rathaus tätig, etwa als künstlerischer Gestalter des ‹Lebensalter-Frieses› (1904) in einem der Sitzungszimmer oder als er 1931 mit der Renovation der bestehenden Fassadenmalerei beauftragt war.[51] Während mehrerer Monate arbeitete er zusammen mit seinen Basler Kollegen Adolf Siegrist (1870–1931), Franz Baur und Otto Plattner an der gründlichen Überholung der Vorder- und Hoffassaden. Kurz vor Abschluss der aufwendigen Restaurierungsarbeiten konnte sich Mangold ein amüsantes kleines Detail nicht verkneifen, das auch heute noch Anlass zum Schmunzeln gibt: Im Innenhof, hinter der Säule des Munatius Plancus, verweisen starke Eisengitter auf die ursprüngliche Nutzung der Räumlichkeiten unterhalb der Treppe: Einst waren hier Arrestzellen untergebracht. Über den vergitterten Fenstern hatte bereits Wilhelm Balmer 1915 in zwei Rundmedaillons zwei Häftlinge dargestellt, die in einer Art Trompe-l'Œil-Malerei hinter Gitterstäben hervorschauen. Da diese Medaillons bereits stark verwittert waren, setzten Mangold und Plattner kurz entschlossen ihre eigenen Konterfeis an diese Stellen, sodass hier auch heute noch – zur Belustigung der Eingeweihten – die Porträts der grimmig dreinblickenden Malerkollegen zu sehen sind.

68–71 Entwürfe zum ‹Lebensalter-Fries› im Basler Rathaus, vor 1904
72/73 Otto Plattner (oben) und Burkhard Mangold (unten) auf den von ihnen gemalten Selbstbildnissen im Innenhof des Rathauses, 1931
74 Blick auf das Restaurant Schiff in Kleinhüningen mit Mangolds Fassadenmalereien, 1937
75/76 Fassadenbilder am Kleinhüninger Restaurant Schiff aus dem Jahr 1927

Eine Ode an die Hafenarbeiter und die Schifffahrt

Zwei schmale hochrechteckige Bildfelder, die mit je einer Fahnenstange ausgemalt sind, an der farbenprächtige Fahnen, Wimpel und Signalflaggen hängen, rahmen die Erkerpartie des Hauses an der Ecke Hochbergerstrasse und Dorfstrasse in Kleinhüningen – als wäre sie ein Schiffsbug, der Wind und Wellen trotzt. Treffender könnte die Bemalung für ein Restaurant, das ‹Schiff› heisst, kaum gewählt werden! Entstanden ist das vielfigurige Bildprogramm 1927. Auf der Fassade an der Hochbergerstrasse verkörpern die vier weithin sichtbaren, über zwei Etagen reichenden Figuren Menschen, die allesamt einer kräftezehrenden Arbeit im Hafen und auf dem Wasser nachgehen: ein Bootsmann auf seinem Weidling, ein Fischer mit einem schweren Netz, ein ‹Fährimaa›, den Stachel in der Hand haltend, und der Navigator eines Frachtkahns. Die Figuren sind zeichnerisch vereinfacht und stark konturiert: Die schwarzen Umrisslinien sind in Sgraffito-Technik hervorgehoben, die Binnenfelder bunt bemalt in vorwiegend tonigen Ockerfarben. Ein Vergleich mit Darstellungen des sozialistischen Realismus drängt sich hier auf, denn die Physiognomien der Männer wirken überaus hart, die Körper sind muskulös, sehnig und strotzen vor Kraft. Hinter den Figuren schimmert jeweils die Wasseroberfläche in feldartig zusammengesetzten Farbkompartimenten, vorwiegend in Rot-Grün oder Rot-Blau gehalten. Das teppichartige Muster mildert die starre Frontalität der Figuren optisch etwas ab.
Die Fassade an der Dorfstrasse ziert eine arbeitende Frau mit Kopftuch, sie ist barfuss und trägt einen schweren Korb vor sich. Die mittlere Darstellung zeigt einen Knaben mit einem kleinen Segelschiff, im Hintergrund ist die typische Kleinhüninger Hafenszenerie zu sehen. Ganz rechts, im letzten Bildfeld, ist ein Mann mit einer Schaufel abgebildet, er befüllt wohl gerade ein Frachtschiff.

Wandgemälde im Hauptgebäude der ETH Zürich
Ein eindrückliches Beispiel für Aufträge, die Mangold auch ausserhalb seiner Heimatstadt schuf – und deren gab es viele –, ist das imposante Wandgemälde im nördlichen Treppenhaus des Hauptgebäudes der Eidgenössisch-Technischen Hochschule Zürich an der Rämistrasse 101. Der Künstler führt es 1935 aus. In einer Reminiszenz an die Basler Chemie, insbesondere an die Gesellschaft für Chemische Industrie in Basel (CIBA), die das Bild der ETH stiftete, stellt er deren charakteristisches Hauptgebäude, das dazugehörige riesige Werkareal am Kleinbasler Rheinbord sowie zahlreiche weitere Fabrikgebäude im Klybeck- und Hafenareal dar. Die rauchenden Schlote verstellen zwar den ungestörten Blick auf den Schwarzwald, sind indes markante Zeichen der florierenden Industrie – man fühlt sich beinahe an triumphale Obelisken erinnert, die als Landmarken besondere städtische Orte markieren. Hinter der verdichteten Architekturlandschaft und dem diesigen Dunst am Dreiländereck öffnet sich das ‹Tor zur Welt›.

77 Ansicht des Firmenareals der Gesellschaft für Chemische Industrie in Basel (CIBA) am Klybeckquai, rechts unten die 1934 erbaute Dreirosenbrücke; Wandbild im Hauptgebäude der ETH Zürich, 1935

78/79 Grossformatige Entwürfe für die Glasmalereien der Basler Leonhardskirche, um 1918

Religiöse Verbundenheit
Der tief im christlichen Glauben verwurzelte Mangold wendet sich mit seiner unverkennbaren inneren Überzeugung und dem feinen Gespür für die Exegese auch zahlreichen religiösen Themen zu. Noch heute begeistert das Wandbild ‹Bergpredigt›, eine in Andacht um Christus versammelte Menschenmenge, die Betrachterinnen und Betrachter. Es befindet sich im kleinen Saal des Zwinglihauses an der Gundeldingerstrasse in Basel. In den Notizen des Künstlers findet sich 1943 – nach Vollendung der Arbeit – folgender Eintrag: «Ich freue mich, dass die Bergpredigt, mit der ich mich während 30 Jahren beschäftigt hatte, doch noch ein Plätzchen gefunden hat.»[52]

Einige bedeutende sakrale Werke befinden sich bedauerlicherweise nicht mehr an ihren ursprünglichen Standorten, allen voran die zwischen 1918 und 1921 entstandenen Glasmalereien der Leonhardskirche.[53] Der Fensterzyklus ist geprägt von der Stimmung der Kriegsjahre: Die beiden Hauptfenster tragen die Inschriften «Das Volk, so im Finstern wandelt, siehet ein grosses Licht» und «Denn wir haben hie keine bleibende Stadt»; ein weiteres Fenster ist beschriftet mit «Wie der Hirsch schreiet nach frischem Wasser also schreiet meine Seele Gott zu dir». Inschriften, die an das Schicksal von internierten, verwundeten, vertriebenen und heimatlosen Menschen erinnern, denen einzig der Glaube noch Hoffnung und Halt zu geben vermag. Die ‹National-Zeitung› berichtete damals davon, dass sich der Künstler «in seine Aufgabe hineingelebt» und diese «mit bewundernswertem Geschick gelöst» habe.[54] 1965 fiel Mangolds Fensterzyklus, zu dem ausserdem eine Darstellung der ‹Taufe Christi und Jesus im Tempel› sowie eine Darstellung des heiligen Leonhard gehörten, der Gesamtrenovation der Leonhardskirche zum Opfer; sie wurden ausgebaut und magaziniert.

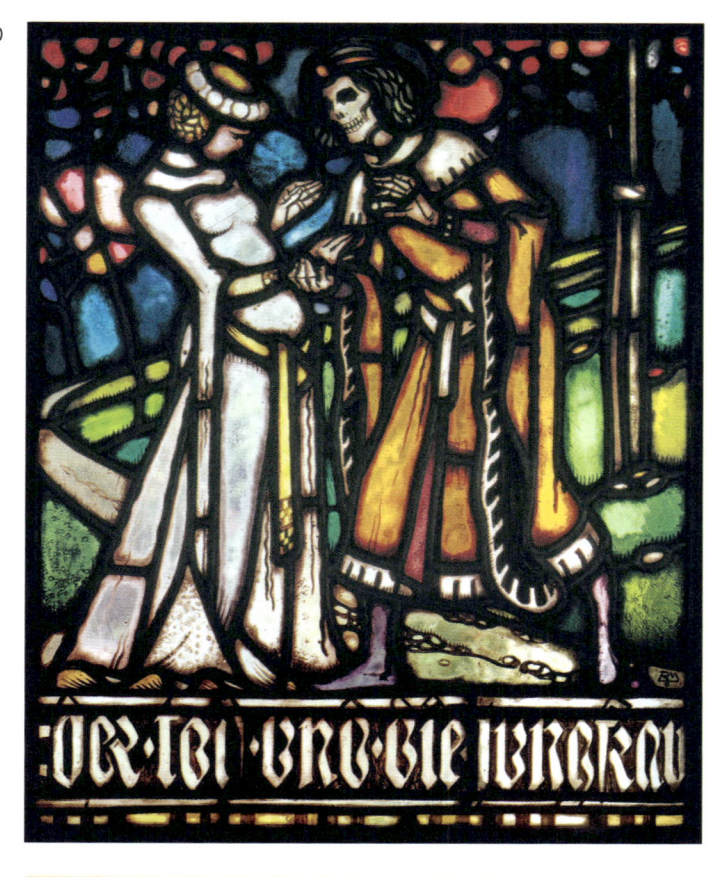

Für die Predigerkirche schuf Mangold bereits 1907 Glasfenster zu den Themen ‹Petrus und Paulus› sowie ‹Der Tod und die Jungfrau›. Jahre später kam ein moderner ‹Totentanz›-Zyklus hinzu, den Mangold einst für die Landesausstellung 1914 entworfen hatte und der dort grosse Beachtung fand. So meldete sich erst die Berner Münstergemeinde, welche die ‹Totentanz›-Glasbilder nicht nur kaufen, sondern erweitern und in die Fenster des Berner Münsters einsetzen lassen wollte. Der Kauf wurde letztlich vereitelt, woraufhin die Glasbilder zurück nach Basel gelangten. Erst 1943 fanden die sechs Scheiben in der Sakristei der Predigerkirche einen würdigen Platz – in der Kirche, in der einst im Kreuzgang der berühmte spätmittelalterliche ‹Totentanz› (wahrscheinlich von Konrad Witz oder Umkreis) zu finden war.[55]

80   Totentanzscheibe ‹Der Tod und die Jungfrau› aus der Predigerkirche Basel, 1907
81   Entwurf für vier der zwölf Glasscheiben im Bundeshaus Bern, Berufe darstellend, 1930
82   Dreiteiliges Glasbild ‹vogel gryff wilde ma und lay› (Tanz der drei Ehrenzeichen Kleinbasels), 1925 ausgestellt auf der ‹Exposition internationale des arts décoratifs et industriels modernes› in Paris

Glasscheiben in profanem Kontext

Mangold, der 1915 an die Allgemeine Gewerbeschule als Lehrer für das neu eingeführte Fach Glasmalerei berufen wurde, hinterliess einen riesigen Schatz an kunstvollen Scheiben in profanen Gebäuden. Die meisten schuf er einst für Basels Gaststätten, sie sind heute jedoch in Magazinen eingelagert, so etwa der 18-teilige Zyklus für die Alte Bayrische Bierhalle (1908 und 1933/34), Scheiben für das Restaurant zum Leuen (1929/30) und wiederum 15 Motive für das Restaurant Steinenklösterli (1932). Einige Glasgemälde sind jedoch leider unwiederbringlich verloren.[56]

Fast vergessen ist Mangolds bescheidener, aber dennoch beachtenswerter Beitrag zur künstlerischen Ausgestaltung des Bundeshauses in Bern. 1930 waren die ursprünglichen Scheiben in der Garderobe des Ständeratspräsidenten (1902 von Christian Baumgartner gestaltet) entfernt worden. Burkhard Mangold und Augusto Giacometti erhielten den Auftrag für die Gestaltung je einer neuen Scheibe. Mangold stellte in zwölf Bildfeldern verschiedene Berufsgruppen dar, ein Teil der Entwürfe dafür hat sich im Künstlernachlass in Basel erhalten.

Bei einer abermaligen Renovation wurden Mangolds und Giacomettis Scheiben ausgebaut, heute gehören sie zur Sammlung des Vitromusée Romont, des Schweizerischen Museums für Glasmalerei und Glaskunst.

Mit dem dreiteiligen Glasbild ‹Tanz der drei Kleinbasler Ehrenzeichen› nahm Burkhard Mangold an einer der wichtigsten und wirkungsstärksten europäischen Ausstellungen der 1920er-Jahre teil. Im Auftrag der Eidgenossenschaft erstellte er 1925 das typische Basler Motiv vom ‹Vogel Gryff›, damit es im selben Jahr im Schweizer Pavillon der Exposition internationale des arts décoratifs et industriels modernes in Paris gezeigt werden konnte – eine Weltausstellung des Kunstgewerbes und des Industriedesigns mit mehr als 15 Millionen Besucherinnen und Besuchern.[57] Die Farbverglasung wurde 1929 von der Brauerei zum Warteck für 1800 Franken erworben und im Schalander eingebaut, einem Festsaal auf dem Brauereiareal an der Kreuzung von Grenzacherstrasse und Burgweg. Im Jahr 1991 wurde der Schalander mit seiner gesamten Innenausstattung in den Anbau des Restaurants zum alten Warteck am Riehenring transferiert. Die drei wertvollen Glasbilder sind vor dem Abriss dieses Gebäudes 2019 ins Archiv der Warteck Invest AG gelangt.

ALTI BIRSIGPFYFFE

Gläsernes Porträt der alten Steinenvorstadt

Ein auch aufgrund seines Umfangs bemerkenswerter Zyklus stammt aus dem einstigen Restaurant zum Steinenklösterli, das 1932 an der Steinenvorstadt 13 eröffnet wurde. Im Auftrag der Brauerei Warteck hatte Mangold hierfür 18 Entwürfe für verschiedene Ansichten der Steinenvorstadt erstellt, bei deren Darstellungen er sich an historische Vorlagen hielt.[58] Von all diesen Scheiben ist wohl die farbenprächtige zweiteilige Ansicht der Steinenvorstadt mit dem Steinenbrüggli über dem offenen Birsig besonders hervorzuheben. Die kleinteilige architektonische Struktur der eng aneinandergereihten Häuser mit ihren Holzbalkonen und Abtritten wird von einem Himmelssegment in kräftigen blau-violetten Tönen überspannt. Besonders reizvoll und überraschend wirken die vielen Details: Menschen, allein oder im Gespräch vertieft, auf Balkonen, Kinder, die im ausgetrockneten Flussbett spielen, und Gänse auf der Suche nach Wasser.

83–86 Glasmalereien aus dem Zyklus von 15
Doppelfenstern aus dem abgerissenen
Restaurant Steinenklösterli, 1932
87–89 Ausgeführte Scheiben im Restaurant Holbeinstube, Dufourstrasse 42, um 1934
90–95 Entwürfe für Glasscheiben des Restaurants
Holbeinstube, Dufourstrasse 42, um 1934

Schmuck für Brausaal und Gaststube

Um 1934 entwarf Mangold knapp zwanzig kleinformatige Scheiben für die ‹Holbeinstube›, ein kleines Restaurant im Dufourhaus an der Dufourstrasse 42. Diese Glasmalereien sind leider verloren, umso wichtiger ist ein seit 2016 zum Bestand des Historischen Museums Basel zählendes Album mit Entwürfen für diesen Bilderzyklus, angelegt in Bleistift, Tusche und Aquarellfarben. Sie vermitteln zumindest einen Eindruck von diesem an Vorbildern aus der Holbein-Zeit im frühen 16. Jahrhundert angelehnten Bildprogramm.

96–98 Glasmalereien aus dem Sudhaus der Basler
Brauerei Warteck am Burgweg, 1933

Höchst modern muten in ihrer luziden Farbgebung, den hellen, zarten gelblich-grauen Pastelltönen und der schlichten, lediglich durch Bleiruten strukturierten Formsprache die drei grossen Glasfenster im Sudhaus der einstigen Brauerei Warteck am Burgweg an.[59] Die 1933 entstandenen Glasbilder stellen die Entwicklung der Brauerei Warteck vom prosperierenden kleingewerblichen Betrieb 1856 bis zum industriellen Grossunternehmen im Jahr 1933 dar. Diese Mangold-Scheiben befinden sich glücklicherweise bis heute unverändert in dem zum Kulturlokal umgenutzten ehemaligen Sudhaus des Werkraums Warteck pp.

Mangold schuf zudem zahlreiche eher kleinformatige Jubiläums-, Wappen- und Einzelscheiben. Stellvertretend für diese sei eine Scheibe der Zünfte und Ehrengesellschaften zur Einweihung des neuen Kollegienhauses der Universität erwähnt. Das 1939 entstandene Glasbild ist nach wie vor in der Aula des Kollegienhauses zu sehen. Die Wahl des Sujets unterstreicht die Verbundenheit der Stadt Basel mit ihrer Universität und zeugt auch von einem gewissen Stolz und Patriotismus. Dargestellt ist ein Bannerherr, der vor dem Hintergrund von festlich aufgereihten farbenprächtigen Zunftbannern einem Studenten im Beisein eines Tambours und des Vogels Gryff feierlich einen Pokal überreicht.[60]

Wandel im Stil, Vielfalt im Massstab

In Mangolds Wandmalereien und Glasbildern, die er während rund fünf Jahrzehnten geschaffen hat, lässt sich die Entwicklung seiner künstlerischen Handschrift besonders gut nachvollziehen. Stilistischen Bezügen zur Kunst der Nazarener vom Beginn des 19. Jahrhunderts und romantisch-naturalistischen Darstellungen in den Jahren um 1900 folgten um 1910 – wohl nicht zuletzt beeinflusst durch seine Münchner und Pariser Jahre – Anleihen beim deutschen Jugendstil und beim französischen Art nouveau. Während des Ersten Weltkriegs und vor allem in den frühen 1920er-Jahren wurde Mangolds Bildsprache flächiger, strenger und geometrischer – Einflüsse des Expressionismus und der Neuen Sachlichkeit sind bis in das Spätwerk der 1940er-Jahre unverkennbar.

Burkhard Mangolds Präsenz in Basel und an etlichen weiteren Orten der Schweiz belegt eindrucksvoll die künstlerische Bedeutung, die er zu Lebzeiten innehatte. Gerade in seinen grossformatigen Fassaden- und Wandbildern sowie in den ungezählten Glasmalereien spiegeln sich seine Energie und Schaffenskraft, sein Einfallsreichtum und insbesondere seine Fähigkeit, nicht nur kleine Blätter auf dem Zeichenpult zu bewältigen. In all seinen künstlerischen Schaffensphasen kreierte Mangold baubezogene Werke, die zum Teil viele Quadratmeter gross waren. Und wie kaum ein anderer beherrschte er dabei die Art der Skalierung und den Massstabswechsel – vom Exlibris bis zum Kirchenfenster und von der Briefmarke bis zum Fassadenbild.

Tilo Richter
Reklame im Stadtbild
Der Plakatkünstler

Kein anderes Tätigkeitsfeld hat Mangolds Werke und deren Wahrnehmung so sehr geprägt wie die Plakatkunst. Rund 150 Motive haben während fünf Jahrzehnten sein Atelier verlassen und sind in der ganzen Schweiz auf Plakatwände geklebt worden. Dabei galt Mangold von Anfang an und gilt bis heute als einer der Schweizer Pioniere dieser vergleichsweise jungen Kunstsparte. Nach bescheidenen Anfängen in seinen Münchner Jahren schuf er Ende des Jahres 1900 ein erstes Schweizer Plakatmotiv, das dem Internationalen Eiswettlauf vom Januar 1904 in Davos als Werbung diente. Dieses Plakat bildete den Auftakt für eine äusserst umfangreiche und von vielen konzeptionellen gestalterischen und inhaltlichen Facetten geprägte Werkgruppe.

Mangold konnte sich vor allem deshalb in die Geschichte der Schweizer Plakatkunst der ersten Hälfte des 20. Jahrhunderts einschreiben, weil er eine unverkennbare Symbiose zwischen Bild und Text erreichte, mit stilsicherer Hand plakative Kompositionen anlegte und weil er schliesslich Flächen und Farben meisterlich handhaben konnte. «Bereits mit seinen frühen Plakatentwürfen bis 1920 gelingt Mangold eine unmittelbare, auf grosse Distanz funktionierende Wirkung. Seine Werke zeichnen sich durch Stilmerkmale aus, die zum Teil als Vorläufer des später international bekannten ‹Swiss Style› angesehen werden können: Vereinfachung, Stilisierung und Monumentalisierung der Form, Flächigkeit sowie eine gekonnte Verbindung von Schrift und Bild.»[61]

Die ausgeprägte räumliche Tiefe vieler seiner Plakatsujets, eine Betonung der Diagonalen, die mitunter gewagten Anschnitte von Personen, aber auch die in vielen Fällen beinahe filmisch angelegte Handlung der Motive kennzeichnen seine Handschrift. Grundlegend wichtig war für ihn die Darstellung von Menschen, sie durften eigentlich nie fehlen. Besonders ihren Kleidern mit deren Stofflichkeit und Mustern schenkte er eine detailverliebte Aufmerksamkeit. Als weiteres stilbildendes Gestaltungsmittel setzte Mangold immer wieder Rückenansichten von Personen im Bildvordergrund ein. Auf diese Weise gelang es ihm, die Betrachterinnen und Betrachter eines Plakats unmittelbar in das dargestellte Geschehen einzubeziehen. Dank solcher geschickten Bildkompositionen wurde man selbst Teil des Bildes und erlebte die Szenerie gewissermassen in Echtzeit mit.

Mangold wusste aber auch mit immer neuen Bildideen zu überraschen, deren beschwingter, mitunter ironisch gefärbter Unterton sich wie ein roter Faden durch sein Gesamtwerk zieht. Mit unverkrampfter Frische und Zielsicherheit, unverkennbar in die baslerische Fasnachtskultur eingebettet, packe Mangold selbst traditionell festgelegte Bildthemen neu an, resümierte ein Forscher aus kunsthistorischer Perspektive.[62] Zu den charakteristischen Eigenheiten der Plakate von Mangold gehöre «die Verschleifung und das überraschende Gegeneinanderausspielen von Gewohntem und Ungewohntem».[63] Einer der interessantesten Aspekte bei der Untersuchung von Mangolds Werbebildwelt sei die «Verschleierung des Reklamezweckes».

Mangold bettete die Konsumgüter geschickt in seine visuellen Erzählungen ein, die mit dem eigentlichen Produkt gar nichts unmittelbar zu tun hatten. So sind die Werbemotive für das Zürcher Modehaus PKZ. eher Genreszenen (s. Abb. 111 und 252), die der zeitgenössischen Malerei entlehnt sind. Das Werbeplakat für den Umzug der Druckerei Wolfensberger gerät mit einem riesenhafte ‹Trojanischen Pferd› in Wolfsgestalt, das auf Rollen durch die Stadt gezogen wird, zum reportageartigen Bildbericht (s. Abb. 251). Ganz ähnlich ging Mangold bei einem zweiten Umzug vor, dem Wechsel der Zürcher Seidenfirma Grieder von der Börsenstrasse in den 1913 neu erbauten Peterhof am Paradeplatz. Auf seinem Plakat heisst es: «Was rennt das Volk, was wälzt's sich dort zu dem Paradeplatze fort? Was deuten diese vielen Wagen? die Jumpfern die Pakete tragen? Es zieht der Seidengrieder aus, zum Peterhof in's neue Haus.» Mangold zeigt zu diesem Spruch Menschenmassen, welche die Umzugswagen begleiten und zum neuen Domizil der Firma strömen (s. Abb. 100).

99

Was rennt das Volk, was wälzt's sich dort zu dem Paradeplatze fort?
Was deuten diese vielen Wagen? die Jumpfern die Pakete tragen?
Es zieht der Seidengrieder aus, zum Peterhof in's neue Haus.

«Trotz der Ausbildung und Tätigkeit in Deutschland ist der Stil Mangolds von der französischen Kunst geprägt. So übernahm er zum Beispiel die schon von Pierre Bonnard (und später von Ludwig Hohlwein) geübte Manier, bei einer bekleideten Figur das Stoffmuster ohne Rücksicht auf Falten gerade durchlaufen zu lassen, wie bei einer Collage. Zudem gestaltete er die Hintergründe seiner Plakate oft mit einer pointillistischen Spachteltechnik.»[64]

Überhaupt dürfte Mangold die Welten von Malerei und Plakatkunst sehr viel weniger als andere Künstler voneinander getrennt betrachtet haben. Selbstverständlich waren ihm die zeitgenössischen Werke etwa von Ferdinand Hodler oder Cuno Amiet vertraut. Nicht zuletzt bot das reichhaltige Angebot an Ausstellungen in Basel – insbesondere in der Kunsthalle – mannigfach Gelegenheit, sich mit den jüngsten zeitgenössischen Bildschöpfungen vertraut zu machen. So changieren seine Motive von der Malerei zur Plakatkunst und ebenso in umgekehrter Richtung, was sich insbesondere an seinen Figurendarstellungen und den fantasievollen Darstellungen von Kleidern zeigte.

Neben seiner Bildsprache und Schriftmalerei, die hier vorgestellt werden, soll auch ein Blick auf den Kontext geworfen werden, in dem Mangolds Plakate entstanden sind. Der Künstler pflegte ein dichtes und mit den Jahren immer grösser werdendes Netzwerk von Kontakten, die ihm verschiedene Gestaltungsaufträge erteilten. Er war in der Basler Kultur- und Kunstwelt fest verankert, aber auch bei den Zünften und Berufsverbänden sowie bei Unternehmen, für deren Konsumgüter er warb. Aufträge für die Kunsthalle standen neben solchen für das Stadtcasino, Firmenwerbung gestaltete er für die Modehäuser Vier Jahreszeiten und PKZ (Paul Kehl & Co. Zürich), die Zürcher Automobilfabrik Safir oder den Lebensmittelhersteller Maggi; daneben schuf er etliche wegweisende Tourismusplakate.

Neben seinen Auftraggebern, die Mangold den wirtschaftlichen Erfolg seiner Plakatkunst brachten, müssen aber auch die Druckereien als Katalysatoren für seinen künstlerischen Erfolg genannt werden. Ohne ihre Expertise und das Engagement seiner engsten Druckpartner wäre Burkhard Mangolds Rang als Plakatkünstler heute sicher geringer. Im Wesentlichen sind es zwei Steindruckwerkstätten, die in den Jahren kurz nach 1900 für und mit Mangold gearbeitet haben: die Graphische Anstalt Wassermann in Basel und die Graphische Anstalt J. E. Wolfensberger in Zürich. Beiden Firmen blieb Mangold mehr als vier Jahrzehnte lang treu. Aus diesen beiden Häusern gelangte das Gros der Mangold'schen Plakate zu jenen Firmen, die sie auf den Anschlagsäulen und -wänden in den Städten und Tourismusregionen verbreiteten. Bei Wolfensberger begegnete Mangold um 1910 zwei jüngeren, doch in der Plakatkunst ebenso engagierten Berufskollegen: Emil Cardinaux (1877–1936) und Otto Baumberger (1889–1961). Zusammen gelten sie als erste «Generation von Künstlern, die nicht nur gelegentlich Plakate entwarfen, sondern die im Plakat eine Hauptbeschäftigung sahen».[65]

99   Typisch Mangold: dynamisch bewegte, monumentale Figuren und tiefe Horizontlinie auf einem Plakatmotiv für die Rhätische Aktien-Brauerei Chur, 1908
100   Plakat zum Umzug der Seidenfirma Grieder in Zürich, 1913
101/102   Werbeplakate für das Modehaus Vier Jahreszeiten in Bern, 1912 und 1913

Einen deutlich kleineren Teil der Mangold-Plakate druckten die Lithographische Anstalt Gebr. Fretz in Zürich, die Lithographische Anstalt Gebr. Lips in Basel, die Firma A. Trüb & Cie. in Aarau und in späteren Jahren Emil Birkhäuser sowie die Graphische Anstalt J. J. Morf, die Firma Lithographie zum Gemsberg und die Buchdruckerei Karl Werner, Letztere alle in Basel.

Für die Herstellung der grossen Auflagen von Mangolds Plakaten bot sich die Farblithografie, der Druck von mehreren Steinen, an. Dabei handelt es sich um ein aufwendiges Flachdruckverfahren, das schon kurz vor 1800 erfunden worden war, aber erst ein Dreivierteljahrhundert später zur Perfektion gebracht wurde. Die Lithografie ermöglichte die ersten farbigen Massenmedien: Buchillustration, Plakat und Ansichtskarte. Kommt uns Plakatwerbung heute mitunter als ‹visuelle Kakophonie der Grossstadt› vor, waren die von Künstlerhand gestalteten Plakate damals neuartige farbige Attraktionen auf Werbesäulen und Plakatwänden – und hatten eine entsprechend starke Wirkung beim Publikum. Die mutmasslich ersten farbigen Plakate in Basel waren Emil Beurmanns Ankündigung der Basler Gedenkfeier des Jahres 1892, die an die Vereinigung von Gross- und Kleinbasel 1392 erinnerte, und das vom selben Künstler gestaltete Plakat zur Eröffnung des neuen Historischen Museums in der Barfüsserkirche 1894.

Plakatkünstler und Werbestratege

Die künstlerischen Qualitäten der Plakatgestaltung machten für Mangold nur einen Aspekt einer erfolgreichen Werbekampagne aus. Das Überblickswerk ‹Das Plakat in der Schweiz› resümiert sein Vorgehen so: «Nach [Mangolds] Auffassung hatte [...] neben dem künstlerischen nicht zuletzt auch der methodische Wettstreit über den Erfolg des Plakates zu entscheiden, und der erfolgreiche Plakatkünstler musste gleichzeitig auch ein geschickter Werbestratege sein. Die Andersartigkeit jedes Plakates, seine unverwechselbare Einzigartigkeit prägt denn auch das Gesamtwerk Mangolds.»[66] Gemäss dieser Maxime war er nicht nur Künstler, sondern immer auch Dienstleister für seine Auftraggeber. Diese dem freien Künstler fremde Abhängigkeit dürfte Mangold schon seit seinen Lehrjahren als Dekorationsmaler vertraut gewesen sein. Sich hineinzudenken und einzufühlen in eine für ihn jeweils neue Welt von Produkten und Themen bedeutete für ihn, sich selbst immer wieder neu zu erfinden. Mangold löste diese Aufgabe nicht selten mit Ironie und Witz. Das Plakatentwerfen fördere «den wechselnden Gebrauch von Elementen, die schon auf die Funktion des Ansprechens der Masse, des Auffallens und des Überredens angelegt sind. Die Lösung einer Aufgabe kann nicht mehr für eine andere Aufgabe verwendet werden. Wird sie als Wiederholung identifiziert, verliert sie ihre Wirkung.»[67]

Einheit von Schrift und Bild

Eines von Burkhard Mangolds Markenzeichen war die sichere Hand beim Integrieren der Schrift auf seinen Plakaten und Reklamedrucksachen. Kein Werbeplakat kann auf Text verzichten, der Gestalter muss zumindest ein Logo oder eine Wortmarke integrieren, damit die Betrachtenden eine Verbindung zwischen Bild und Produkt herstellen können. Eine Tour d'Horizon durch Mangolds umfangreiches Plakatschaffen offenbart, wie virtuos er Schrift als grafisches und strukturierendes Element einsetzte. Er beherrschte eine ganze Klaviatur eigens gezeichneter Schrifttypen und tarierte diese in ihrer Grösse und Farbe präzise aus, damit die wesentlichen Informationen rasch erfasst werden können. Genau das ist ja das Ziel von Werbung im öffentlichen Raum: In der immer schneller pulsierenden Grossstadt muss das Plakat unmittelbar wirken, es muss eine verknappte Botschaft innerhalb von Sekunden übermitteln. Plakate sind Eyecatcher – visuelle Ausrufezeichen.

103 Ausstellungsplakat für den Teppichhändler
Sandreuter & Lang, Gewerbemuseum
Basel, 1913
104 Konzertplakat für den Gesangverein Basel, 1943
105 Festplakat zum Eidgenössischen Sängerfest in
Zürich, 1905
106 Festplakat St. Jakobsfeier Basel, 1911
107 Entwurf für ein Plakat zur Internationalen
Ausstellung für Binnenschifffahrt und Wasser-
kraftnutzung, Basel 1926

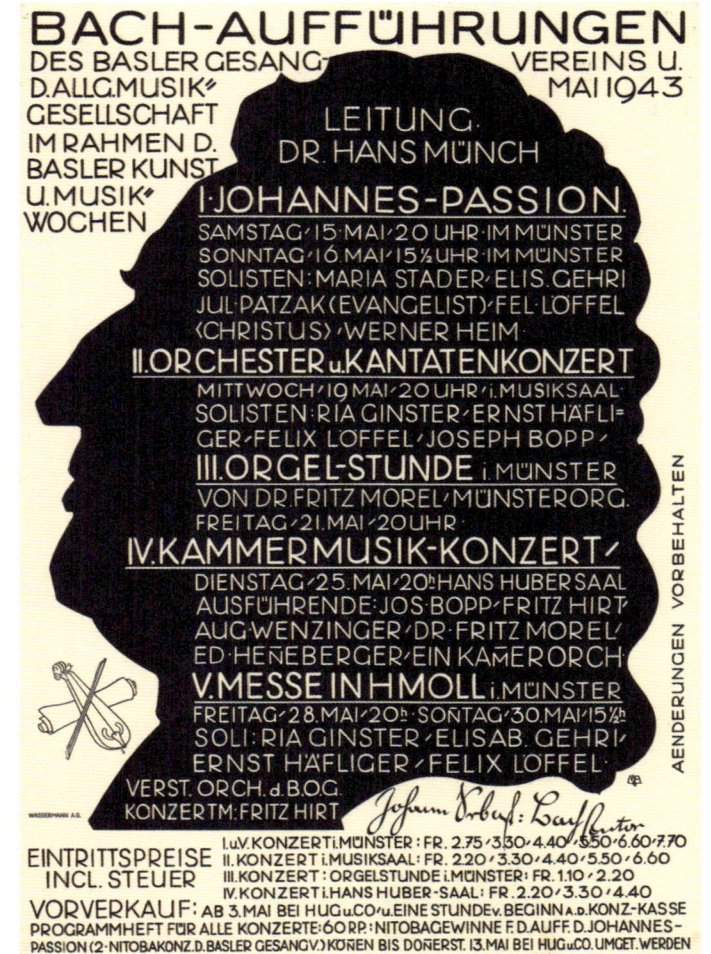

Je nach Thema bediente sich Mangold zeitgemässer Jugendstil- oder Groteskschriften und setzte Fraktur-schrift dort ein, wo Historisches im Mittelpunkt stand, oder er bediente sich edel gezeichneter Antiquaschriften, wenn ein nobler Gesamteindruck erreicht werden sollte, sowie eleganter Schreibschriften. Häufig nutzte Mangold Versalbuchstaben, um die visuelle Prägnanz und die Fern-wirkung des Geschriebenen zu steigern. Nahezu immer positionierte er die Plakattexte auf separate Flächen, nur selten überlagerte er Schrift und Bild. Eine gelungene Ausnahme ist sein letztes erhaltenes Plakat, bei dem er 1943 die wortreichen Konzertankündigungen des Basler Gesangvereins über ein scherenschnittartiges Profil-bild von Johann Sebastian Bach legte.

Typografische Spezialfälle sind jene Plakate, die einzelne Lettern oder Wörter zeichenhaft ins Bild integ-rieren, etwa das frühe Plakat für die Firma Safir mit einer s-förmigen Strasse (s. Abb. 109) oder die fünf Motive der Plakatserie ‹D-A-V-O-S› (s. Abb. 126/127). Hier organi-sieren die monumentalisierten Buchstaben die Sujets.

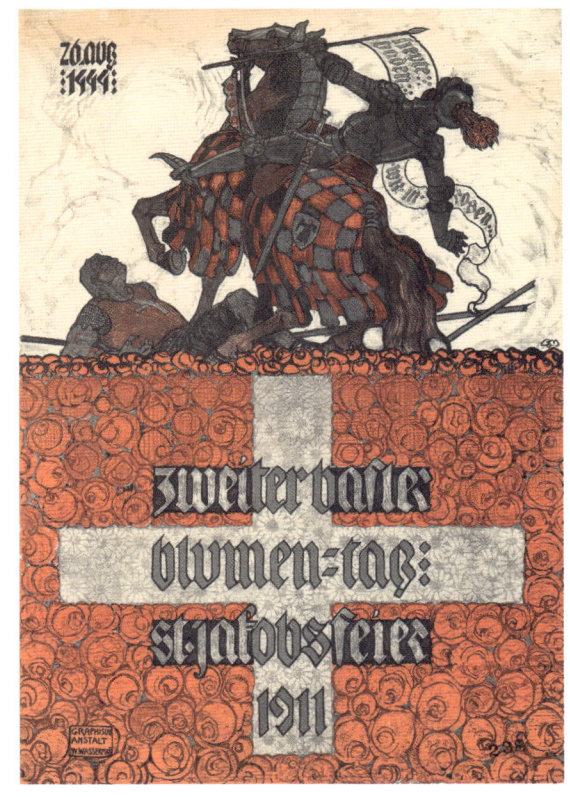

Ankündigungen von Grossanlässen und Veranstaltungen
Eine Hauptgruppe in Mangolds Plakat-Œuvre bilden die Motive, die er für gesellschaftliche Grossanlässe entwarf. So steuerte er 1901 ein Plakat für die Basler Gewerbeausstellung bei, 1911 eins für das V. Kantonalschützenfest beider Basel in Basel (s. Abb. 264). Auch sein erster grosser Erfolg im Plakatmetier ist mit einem Grossereignis verbunden und datiert auf das Jahr 1905. Damals reichte er für das Eidgenössische Sängerfest in Zürich einen Plakatentwurf ein, der prämiert und umgesetzt wurde. Sehr bald nach Erscheinen dieses Blattes begann die bereits erwähnte äusserst fruchtbare Zusammenarbeit mit der Zürcher Druckerei Graphische Anstalt J. E. Wolfensberger.

Auch das klassische Veranstaltungsplakat, das durch seine rein typografischen Vorgänger auf den Litfasssäulen schon mehrere Jahrzehnte präsent war, spielte bei Mangold eine Hauptrolle. Für Basel zeichnete er Plakate für die Allgemeine Musikgesellschaft, die Kunsthalle und das Gewerbemuseum, in Zürich für den Schweizerischen Tonkünstlerverein, aber auch für die XI. Nationale Kunstausstellung der Schweiz 1912 in Neuchâtel steuerte Mangold ein Plakat bei. Während der 1930er-Jahre realisierte er gleich mehrere Plakataufträge für das Stadtcasino, darunter die Ankündigungen für die Quodlibet-Maskenbälle (s. Abb. 116) oder die opulenten Feste während der Mustermesse (s. Abb. 28).

Eine grössere Folge von sehr schlicht gehaltenen Konzertplakaten geht auf Bestellungen des Basler Gesangvereins zurück. Ab 1922 sind diese vorwiegend typografischen Plakate mit jeweils einer Porträtdarstellung des Komponisten in Umlauf; allein die Plakatsammlung der Schule für Gestaltung Basel hat 16 dieser durchgehend schwarz-weissen Plakate aus der Zeit bis 1943 in ihrem Bestand.

108 Werbeplakat ‹Grosses Flugmeeting›, Flugplatz Basel (Sternenfeld Birsfelden), 1925
109 Entwurf für ein Werbeplakat der Zürcher Automobilfabrik Safir, 1907
110 Werbeplakat für die Zürcher Automobilfabrik Safir, 1907

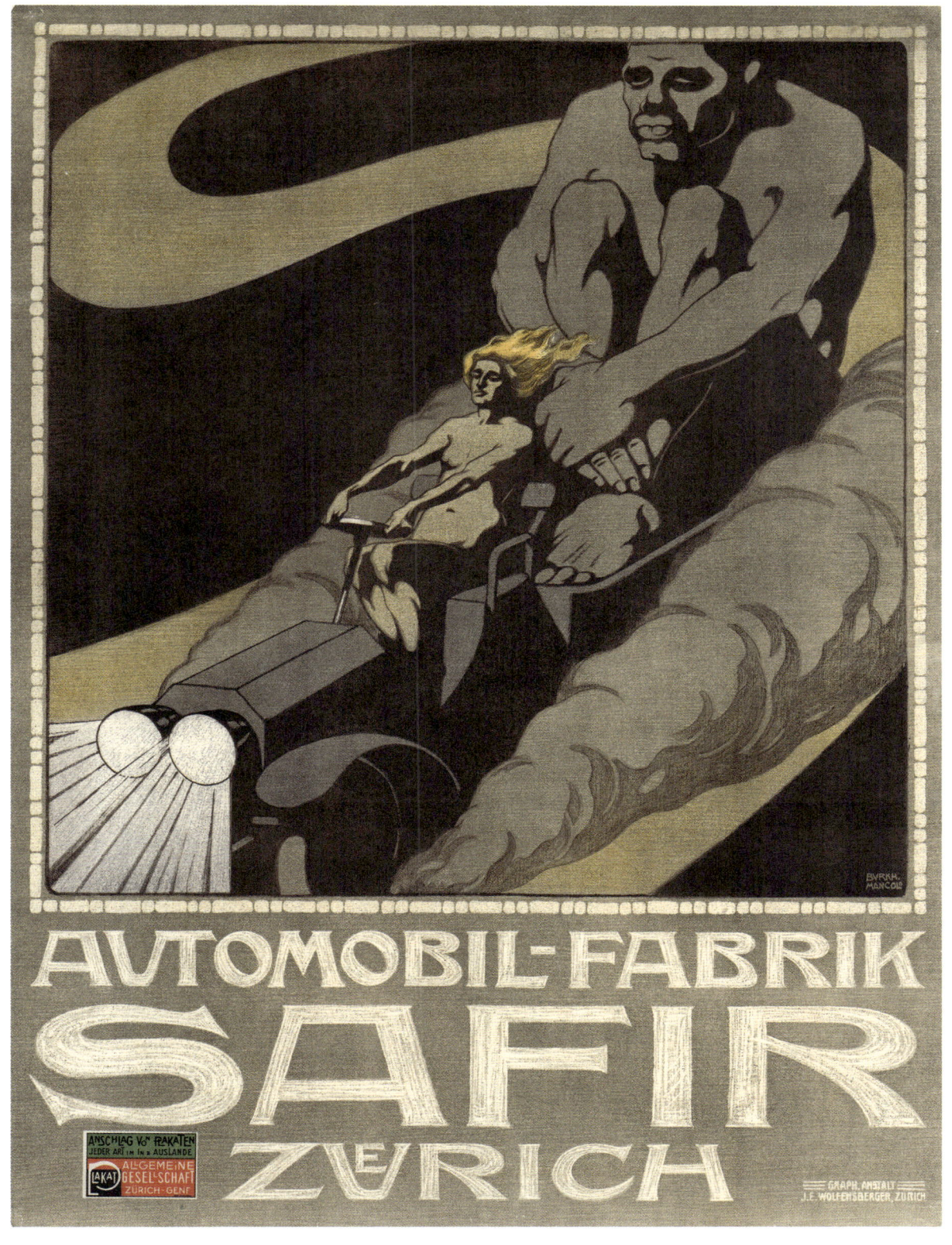

Reklameaufträge für Industrie, Handel und Gewerbe
Das mit Abstand umfangreichste und von grosser Vielfalt bestimmte Tätigkeitsfeld bildeten Burkhard Mangolds Reklameplakate, die er für Industrie, Handel und Gewerbe schuf. Hier war nicht nur die Bandbreite der Auftraggebenden besonders gross, sondern auch die von Mangold aus den verschiedenen Produkten und Firmen konzipierten Bildfindungen.

Erste namhafte Werbeaufträge aus der Wirtschaft dürften den Künstler nach 1905 erreicht haben. Aus dem Jahr 1907 stammt das berühmt gewordene Plakat für die Zürcher Automobilfabrik Safir, bei dem ein S eine serpentinenhaft gewundene Strasse bildet, auf der das PS-starke Automobil durch die Nacht rast. Das symbolisch aufgeladene Motiv, die starke Fernwirkung der Bilddiagonale und der kräftige Hell-dunkel-Kontrast lassen einen markanten und einprägsamen Werbeträger entstehen. Mit dem Safir-Sujet gelingt Mangold bereits sehr früh ein Meilenstein – in seiner eigenen Karriere und auf dem Gebiet der Schweizer Plakatkunst überhaupt.

Nach den ersten positiven Reaktionen aus Fachkreisen häuften sich schnell Gestaltungsaufträge aus der Wirtschaft. Mangolds Manier war angekommen in der neuen bunten Welt der Konsumgüter. 1909 kontaktierte ihn das Modehaus Paul Kehl Zürich. Das 1881 gegründete Familienunternehmen hatte bereits zuvor namhafte Gestalter unter Vertrag genommen, unter ihnen den deutschen Ludwig Hohlwein, ein bekannter Reklamekünstler in der Übergangsphase vom Jugendstil zur Neuen Sachlichkeit und zum Art déco (der später ein überzeugter Nationalsozialist wurde und das Erscheinungsbild des Dritten Reiches mitprägte). Mangolds Sujets für PKZ strahlen Noblesse aus, das älteste Modehaus der Schweiz zielte auf die Upperclass der Käuferschaft. Auf diese Plakate folgten weitere Aufträge aus der Textil- und Luxusgüterbranche, vom Textilkaufhaus Vier Jahreszeiten, das in Bern und anderen Städten mit Filialen vertreten war (1912), von der Seidenfirma Grieder (1913) und dem Uhrengeschäft Türler (1914), beide in Zürich.

111 Werbeplakat für das Modehaus PKZ, 1913
112/113 Werbeplakate für die Basler Firma Kostüm Kaiser, 1914 und 1922
114 Werbeplakat für die Firma Maggi, 1915

Ein zentrales Ereignis für Basels Wirtschaftsgeschichte wie auch für Mangolds Schaffen war die erste Ausgabe der Schweizer Mustermesse, die im April 1917 stattfand. Mangold erhielt den attraktiven Auftrag, das Plakat für die neue, national beworbene Leistungsschau der Schweizer Industrie zu gestalten (s. Abb. 22). Etwa 300 000 Menschen besuchten die Messe – vielen von ihnen wird Mangolds Plakat im Stadtbild begegnet sein.

Einzelaufträge kleinerer Firmen führten zu Plakaten für die populäre Marke Maggi, den Brautausstatter Zuberbühler & Co. oder das Teppichhaus Forster, Altdorfer & Co. In Basel zählte Mangold die Basler Konsum-Gesellschaft und den Händler für Orientteppiche Sandreuter & Lang zu seinen Kunden, ebenso die bis heute existierende Traditionsfirma Kostüm Kaiser, für die er 1914 und 1922 je ein Werbemotiv kreierte.

115	Werbeplakat für das Café im Singerhaus am Basler Marktplatz, 1915/16
116	Werbeplakat für den Quodlibet-Maskenball im Stadtcasino Basel, 1931
117	Werbeplakat für Eptinger Mineralwasser, 1905
118	Werbeplakat für die Rheinfelder Brauerei Feldschlösschen, um 1915

Werbung für Gastronomie und Getränkehersteller
Mangolds zahlreiche Aufträge für Hotels, Cafés und Restaurants werden von gleich mehreren Arbeiten für regionale Bierbrauereien flankiert. Besonders typisch für seine biedermeierlich anmutenden Motive ist ein Plakat für das Café im Singerhaus beim Marktplatz, erbaut 1916, dessen zweigeschossiger, in schillernde Farben getauchter Innenraum damals Stadtgespräch war.

Plakate für Eptinger Mineralwasser, die Basler Brauereien Sternenberg (s. Abb. 21) und Löwenbräu oder ein nur als Andruck erhaltenes Motiv für die Rhätische Aktien-Brauerei in Chur (s. Abb. 99) sind Zeugnisse einer länger anhaltenden engen Verbindung zu Schweizer Getränkeproduzenten. Die grosse Rheinfelder Brauerei Feldschlösschen zog Mangold nicht nur für die Werbung heran, sondern auch für Glasmalereien im Sudhaus.

119 Werbeplakat für das alkoholfreie Restaurant Clarahof in Basel, 1910
120 Werbeplakat für das Hotel und Restaurant Beatus in Zürich, 1910
121 Werbeplakat für das Basler Hotel Bären in der Aeschenvorstadt, 1910
122 Werbeplakat für eine Ausstellung der Basler Künstler-Gesellschaft in der Kunsthalle Basel, 1910
123 Werbeplakat für das Restaurant Kunsthalle in Basel, 1922

Auch für das ehemals in der Basler Aeschenvorstadt befindliche Hotel Bären war Mangold 1910 nicht nur für die Plakatwerbung verantwortlich, sondern zuvor bereits für die Ausführung verschiedener Fassaden- und Wandbilder (s. Abb. 49/50). Auf diese Weise zeigte sich das neue Gasthaus ganz in Mangolds Stil ausgestattet und beworben. In den Jahren vor dem Ersten Weltkrieg war Mangold viel beschäftigt: Weitere Plakate schuf er, ebenfalls 1910, für das Basler Restaurant Clarahof an der Hammerstrasse und das Hotel und Restaurant Beatus in Zürich.

Einem Plakat für das Restaurant Schützenhaus aus dem Jahr 1917 folgte 1923/24 Reklame für die am Barfüsserplatz gelegene Sommerterrasse des Stadtcasinos. Für das ‹Schiff›, ein Restaurant in Kleinhüningen, kamen wieder Werbung und Kunst am Bau zusammen: Mangold bemalte zum einen die Wandflächen der beiden Strassenfassaden mit farbigen Impressionen aus dem alten Fischerdorf, zum anderen zeichnete er das Plakat zur feierlichen Eröffnung des Lokals am Silvesterabend 1927 (s. Abb. 19, 74–76).

Ein Plakat aus dem Jahr 1931 zeigt das innen erleuchtete Sommercasino im nächtlichen Park (s. Abb. 30). Den exakt gleichen Bildaufbau und Farbklang kopierte ein Monogrammist ‹MB› für ein Werbeplakat des Grand Café Restaurant La Rotonde in Neuchâtel (s. Abb. 31).

124 Werbeplakat ‹Zugerberg Wintersport›, 1907
125 Plakatentwurf für das ‹Münchnerfest› in der Tonhalle Zürich, 1911
126 Einzelplakat ‹V› aus der fünfteiligen Serie ‹D-A-V-O-S›, 1917
127 ‹D-A-V-O-S›, fünfteilige Serie von Tourismusplakaten, 1917

In der Glanzzeit des Schweizer Tourismus
Fremdenverkehrs- und Tourismusvereine erlebten im ausgehenden 19. und beginnenden 20. Jahrhundert Hochkonjunktur, nicht zuletzt durch neue Verkehrsverbindungen. Menschen aus ganz Europa reisten in die Schweiz, vor allem Engländer entdeckten die Schweizer Berge, Seen und Wälder sowie die Sanatorien, Heilbäder, Luxushotels und Casinos. Für die grafische Industrie erwuchs aus diesem Reiseboom ein neuer Geschäftszweig: die professionalisierte Tourismuswerbung, bei der auch Plakate eine gewichtige Rolle spielten. Mangold schrieb sich eindrucksvoll in der Geschichte dieses neuen Zweigs der Gebrauchsgrafik ein. Bereits 1907 fand sein Plakat ‹Zugerberg Wintersport› Verbreitung.

97 Reklame im Stadtbild – Der Plakatkünstler

DAVOS
WINTERKUREN

GRAPH. ANSTALT J.E. WOLFENSBERGER ZÜRICH

DAVOS

SCHLITTENFAHRT ❀ EISLAUF. ❀ WINTERKUREN ❀ SKILAUF. ❀ SCHLITTENSPORT

Am Rande für die Politik

Politische Inhalte bilden die kleinste Motivgruppe im Plakatschaffen von Mangold, nur fünf Motive sind überliefert: 1919 zeichnete er im Vorfeld der Zürcher Stadtratswahlen zwei Plakate für die Freisinnigen, ‹Gegen den Bolschewismus› und ‹Dahin führt der Bolschewismus› (s. Abb. 17), im selben Jahr entstand – wohl im Vorfeld der Nationalratswahlen – das Motiv ‹Seid einig einig einig›. 1930 standen in Basel Bürgerratswahlen an, Mangold entwarf ein Abstimmungsplakat für die bürgerlichen Parteien der Liste 2. Ebenfalls 1930 sollte ein Mangold-Plakat helfen, das Stimmvolk von einem Ja für den zehnprozentigen Steuerabbau zu überzeugen (s. Abb. 29).

Vom Autodidakten zum Impulsgeber

Bemerkenswert ist, dass Mangold noch zur Generation jener Plakatpioniere zählt, für die es noch gar keine gesonderte Ausbildung in diesem Metier gegeben hatte. Zwar dürften ihm seine Kenntnisse als Dekorationsmaler geholfen haben, mit grossen Formaten umzugehen, aber das meiste, was die Plakatkunst von ihm forderte, hatte er sich in kurzer Zeit autodidaktisch angeeignet. Erst ab 1915 boten die Schweizer Kunstgewerbeschulen Kurse zur Plakatgestaltung an. Mangold unterrichtete selbst, zuerst – jedoch nur kurz – an der Städtischen Malschule in München, 1915 bis 1918 dann an der Allgemeinen Gewerbeschule Basel in den Fächern Lithografie und Glasmalkunst. Dort begegnete ihm auch Niklaus Stoecklin (1896–1982), der zuerst Mangolds Student war und sich später zu einem der wichtigsten Vertreter der Neuen Sachlichkeit entwickelte. Burkhard Mangold konnte seine reichen praktischen Erfahrungen als Plakatkünstler so auch als Lehrer an die nächste Generation weitergeben.

Aufgrund seiner eigenwilligen und gekonnten Gestaltung ist ein weiteres Plakat für Zürich erwähnenswert: die im wahrsten Sinne des Wortes leichtfüssige Darstellung der Rollschuhfahrenden im Tonhalle-Pavillon (1910 von Mangold gezeichnet und von Wolfensberger vor Ort gedruckt, s. Abb. 3). Weniger spektakulär sind Plakate für die Birsigtalbahn Basel–Rodersdorf und für das der Schweizer Geschichte gewidmete Rundpanorama am Utoquai, beide stammen ebenfalls aus dem Jahr 1910.

Sein ikonisches Eislaufmotiv ‹Winter in Davos› von 1914 (s. Abb. 263) zählt heute zusammen mit der fünfteiligen Plakatserie ‹D-A-V-O-S› aus dem Jahr 1917 zu den bekanntesten Schweizer Wintersportmotiven jener Epoche. Die Aufhängung aller fünf Plakate wird schon aus Platzgründen eher die Ausnahme gewesen sein, umso grösser dürfte die Werbewirkung der fünf nebeneinander platzierten Plakate gewesen sein, die zusammen dreieinhalb Quadratmeter Wandfläche belegten.

Isabel Zürcher

Das Bild an sich
Malerei und Grafik im Hinterland der Auftragsarbeiten

In seinem handschriftlich geführten Werkverzeichnis hielt Burkhard Mangold nicht nur die lange Reihe von Auftragsarbeiten fest, sondern auch eine beeindruckende Zahl verkaufter Gemälde. Im kaum überblickbaren Œuvre des Künstlers bleiben vor allem die angewandten Werke in Erinnerung. Seine Plakate, Buchillustrationen sowie Wand- und Fassadenbilder sind nicht zuletzt in Basel zu einem öffentlich sichtbaren Kulturgut geworden. Mangolds freie Malerei, Zeichnung und Grafik zeigt sich als eigentliches Reservoir an Bildideen, die er, immer ordnend, auch aus seiner unmittelbaren Umgebung schöpfte. In zahlreichen privaten und öffentlichen Sammlungen ist Mangolds schöne Deutung des Wirklichen heute ein mehrheitlich verborgener Schatz.

Der Blick des Malers wirkt indirekt: Sein Kopf ist vom oberen Bildrand angeschnitten. Umso genauer beobachten wir, wie sein Auge den Raum organisiert um die eigene Mitte. Sich selbst zeigt Burkhard Mangold im hohen Spiegel. Davor sitzt sein Sohn, dessen Kopf und Schultern sich verdoppeln vor dem Teppichgrün. Die wie ein Polster hingetupfte Bodenfarbe ebnet die Grenze ein zwischen Innen- und Aussenraum. Die Tür zum Garten steht wohl offen und zeigt ein Stück Rasen, während das Bäumchen im Topf rechts die Natur ins Interieur trägt. Der schlanke Stamm wird zum Echo der Rahmen von Bildern im und hinter dem Spiegel. Er durchläuft ein helles Feld, bevor die Krone das milde Tageslicht eines Fensters verkleidet.

Die schräge Latte links hinter dem Spiegel sowie die Dose davor machen das Bild im Bild zur Staffelei. Die ‹richtige› Leinwand, auf die Burkhard Mangold jetzt mit erhobenem Arm den Pinsel setzt, bleibt verborgen. Oder auch nicht: Kind, Mobiliar, auch die Blumenvase sind ganz da: Malerei meisselt goldene Hosenbeine aus dem Vordergrund, stapelt Bücher auf dem Buffet, zieht ordentlich den Vorhang vor Arbeitsutensilien. Wir Nachgeborenen bleiben draussen. Oder auch nicht: In Öl auf Leinwand ist zwar der Spiegel blind, doch lässt er uns gerade dadurch ganz ins Reich des Malers ein.

129

Der Reiz des Gewöhnlichen
Ordnung scheint ein Gebot in Burkhard Mangolds im Abseits von Plakat- und Werbeaufträgen entstandener Malerei und Grafik. Aufgeräumt sind seine Bilder und dabei alles andere als plan. Es sind Augenöffner für die unaufgeregte Ankunft von Tageslicht durch die Tür des Ateliers in den Flur und vom Fenster auf Werke, die an der Wand schon ihren festen Platz gefunden haben: Im schimmernden Rahmen hängt die Studie einer Figur, in der Kammer daneben fasst das Tondo aus Glas eine ganze Menschengruppe.

Solche Bilder werben für das Sehen an sich. Ohne jede öffentlichkeitswirksame Botschaft entstehen Blumen- und Landschaftsstudien sowie Interieurs. Nicht zuletzt im Innenraum und mit Blick aus dem Fenster treibt Burkhard Mangold voran, wofür ihm neben den Plakat- und Bühnenentwürfen, neben Wandbildern, Fasnachts- und Kalendersujets zu wenig Zeit bleibt: für das ‹richtige› Malen, das Erfassen von Stimmungen, das Einfangen der Topografie bei sich wandelnder Witterung.[68] Alles kann jederzeit Anlass zum Zeichnen sein. Im Hinterland von Aufträgen genügt der Reiz des Gewöhnlichen. Burkhard Mangold – sein Skizzenbuch hat er immer dabei – bewegt Farbstift und Pinsel mit dem Wellengang des Rheins oder wühlt Baumkronen auf entlang des Ufers an der Birs.

Sein Blick schichtet den Raum mit der Wäsche im Hof, aufgehängt am Strich der horizontal gespannten Leine. Das türkis oxidierte Kupferdach seines Ateliers verstärkt die Herbstfarben der umstehenden Bäume und Fassaden.

Das Bild an sich – Malerei und Grafik im Hinterland der Auftragsarbeiten

128 ‹Im Atelier›, Öl auf Leinwand, um 1906
129 ‹Blick aus dem Atelier›, Öl auf Leinwand, undatiert
130 ‹Birslandschaft›, Öl auf Leinwand, undatiert
131 ‹Blick aufs Atelierdach›, Öl auf Leinwand, undatiert
132 ‹Flösser und Pferde›, Öl auf Leinwand, undatiert
133 ‹Jörg und Burkhard am Tisch›, Öl auf Leinwand, um 1910
134 Detail aus ‹Bergpredigt›, Mischtechnik auf Leinwand, 1917
135 ‹Bergpredigt›, Mischtechnik auf Leinwand, 1917

Die sandhelle Pflästerung des Rheinbords im Hafen dreht das Verhältnis zwischen dem festen und dem beweglichen Grund kühn um: Pferde und Transportfrachter stehen still im Wasser, während das Ufer die Welle formt. Schweren Gewichts verstärkt der Stein das blendende Licht und dehnt die Pause des Mittags.

Mangold versah seine Bilder nicht mit einem Jahrgang; zahlreiche im Nachlass verbliebene Studien auf Leinwand und Papier erhielten auch keine Signatur.[69] Wo kein baugeschichtlicher Eckstein und kein kulturelles Ereignis Mangolds Schaffen ein Datum geben, ist die Nachwelt aufs Schätzen angewiesen. Jörg und Burkhard, geboren 1900 und 1903, dürften zehn- beziehungsweise siebenjährig gewesen sein, als der Vater sie malte am Küchentisch. Zärtlich fast streichelt er Farbe auf Inkarnat, Textiles, Keramik; kühl der Reflex auf der dunklen Glasur der Kaffeekanne, warm das Tischset, geflochten aus gelbem Stroh. Von Burkhards Hemd springt Weiss auf den Vorhang über und zurück zur Tischfläche; das Geschirr im Vordergrund fängt ein Blau auf, als käme der Abend von dort.

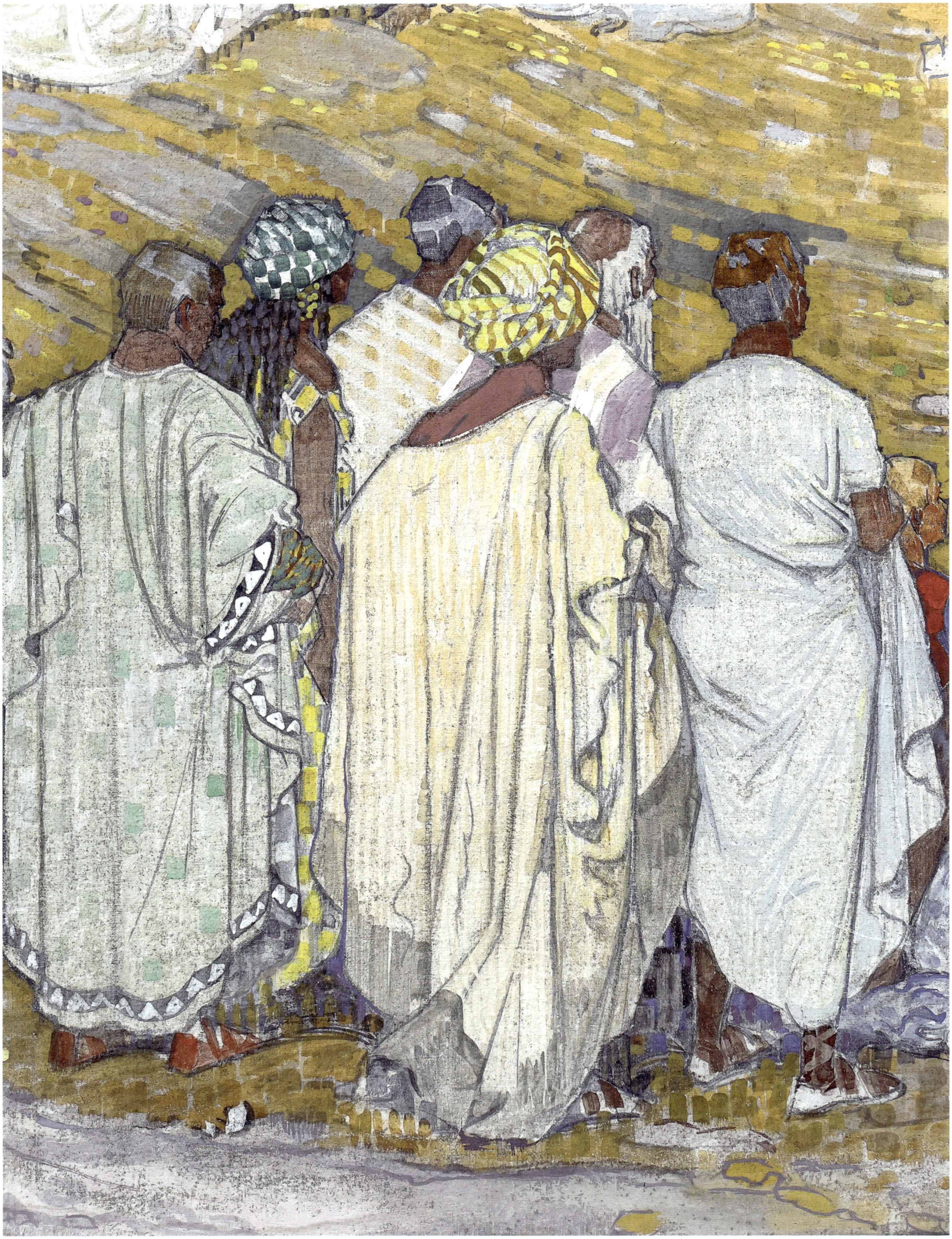

Die Landschaft als Bühne

Das Modellieren von Körpern aus Lichtwerten verbindet Mangolds Malerei mit dem fünf Jahre älteren Cuno Amiet und den Ausläufern des französischen Impressionismus in der Schweiz. Seine Bildwelt wurzelt in der Tradition des 19. Jahrhunderts, sie gewinnt ihre Sinnlichkeit aus der Freilichtmalerei und liebäugelt mit flächig-ornamentalen Kompositionen des Jugendstils. Sorgfältig auf den Ausschnitt der sichtbaren Wirklichkeit achtend, wird sie durchlässig für den Eigenwert von Farbe.

Mangolds Begeisterung für Malerei hatte sich unter anderem in Paris entzündet an Figurengruppen von Puvis de Chavannes (1824–1898) – bei ihm wird die Landschaft zur Bühne für Protagonisten aus der Welt der Antike; bei Mangold auch für die Zuhörerinnen und Zuhörer von Christi Bergpredigt. Kreisförmig zeigt er die geschlossene Aufmerksamkeit und geschlossen in den schön fallenden Togen.

136 ‹Weidlinge am Rhein vor dem Grenzacher Hörnli›, Öl auf Leinwand, undatiert (um 1925)
137 ‹Damen auf der Treppe›, Öl auf Leinwand, undatiert (um 1915)

109 Das Bild an sich – Malerei und Grafik im Hinterland der Auftragsarbeiten

Der Motivsammler

Zum Zeitpunkt, als seine zwei Buben an der Bachlettenstrasse Modell sassen, hatte sich Burkhard Mangold längst im grossen Fach der Historie bewährt. Selbstbewusst führte er sich in der Aula des Gotthelfschulhauses (1903) als Gepäckträger einer Basler Gesandtschaft ein – der Maler ist Erzähler und letztlich der Garant dafür, dass die Geschichte in der Gegenwart ankommt (s. Abb. 56). Seine Wandbilder in der Schalterhalle der Basler Hauptpost (1910) belegen, dass er das Motiv von Transport und Verkehr geschickt an die lokale Topografie zu binden weiss: Da ist die Untersicht, welche die rauen Arbeitsbedingungen der Hafenarbeit leicht überhöht. Da ist der heimische Fluss vor den blauen Jurahügeln – eine Liebeserklärung an Basel (s. Abb. 59).

Auch wenn er sich erinnert, er habe sich nach seiner Rückkehr von Rumänien nach München 1896 zu einem «berüchtigten ‹Modernen›» entwickelt,[70] seine Modernität sollte nie brechen mit der Figuration. Mangolds Kunst ist angewiesen auf Szenen, die Menschen, Mode, Fasnacht und Herbstmesse, Transportwesen oder Strassenbau ins Bildfeld holen. Er weiss um den Symbolcharakter von Fahnen und Laternen, die Gesichter erhellen im Ruderboot auf dem nächtlichen See. Und er inszeniert mit leichtem Strich einen Böllerschuss auf dem Floss der drei Kleinbasler Ehrengesellschaften am Vogel Gryff. Das bewegte Leben jeder neuen Zeit bleibt verankert in Traditionen, die der Künstler bruchlos würdigt. Das Elementare von Bildkompositionen zieht Mangold ebenso wenig in den Bann wie die expressionistische Überzeichnung, mit der zunächst die deutschen Künstler in den 1920er-Jahren das fahle Gesicht der Zwischenkriegsjahre entlarven. Er bleibt auch jenen Künstlergruppen fern, die in wirtschaftlich und sozial ernüchternden Zeiten einen Ausweg suchen aus der Last des Akademischen. Wenn er im Hafen aquarelliert, wenn er den ‹Bau der Mustermesse›, den ‹Bau der Dreirosenbrücke› oder den ‹Umbau Wettsteinbrücke› zeichnet, bleibt er parteiloser Beobachter einer temporeichen Stadtentwicklung – und nicht zuletzt Sammler von Motiven, die er auch für Plakate oder Kalenderblätter nutzen kann.

Dabei ist klar: Das im besten Sinne Plakative schmeichelt nicht dem reinen Sehen; es braucht Wiedererkennbares, es braucht geraffte, in Zeichen und Sprache gefasste Information. Im pastosen Farbauftrag wird die Lokomotive auf der Brücke zur Randerscheinung (s. Abb. 130), und für den, dem Ruhe zählt, sind Lagerhäuser auch ferne Kulisse.

138 ‹Baugerüst›, Gouache auf Papier, undatiert
139 ‹Gross-Markthalle Basel im Bau›, Öl auf Leinwand, 1929
140 ‹Teerarbeiter›, Pigmente auf Leinwand, 1936
141 ‹Teerarbeiter›, Holzschnitt, 1936

Wenn Mangold seinem Bedauern über Basels schwindende Beschaulichkeit Ausdruck verschaffen will, muss er expressiv eingreifen.[71] Das tut er bei den ‹Teerarbeitern› (1936). Da ist es, als ob man dem Bauern den Boden weggenommen und seine Feldarbeiter zum Frondienst in die Stadt entsandt hätte. Die Männer haben ihre Rechen gegen Schieber ausgetauscht; die Demut, die den Ackerbau des vorigen Jahrhunderts untermalt hatte, scheint einem unerbittlichen Takt gewichen. Die zähe Masse treibt zur Eile. Mit weiten Ausfallschritten wird der glatte Belag gebändigt, den die Teermaschine als heiss spiegelnde Spur in die Mitte der Fahrbahn giesst. Die zahlreichen diagonalen Richtungsimpulse hat die schweisstreibende Arbeit vom Holzschnitt geerbt.

Das Bild an sich – Malerei und Grafik im Hinterland der Auftragsarbeiten

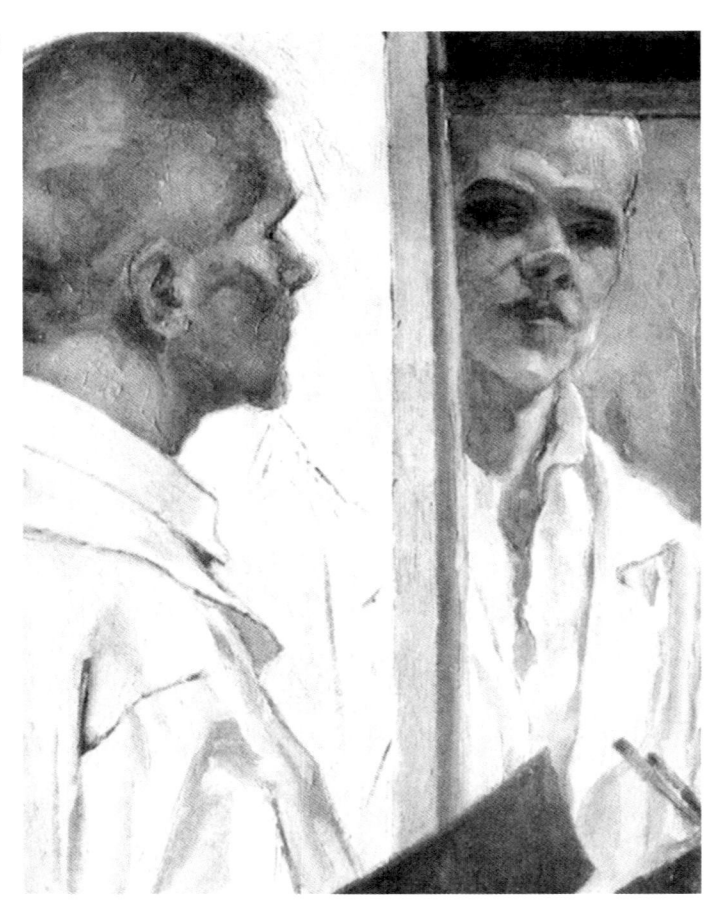

Der Künstler als Szenograf

Verflogen ist die bedächtige Kraft des Hafenarbeiters aus dem Hauptpostbild von 1910. Wie eine Kritik an der unfreiwilligen Fliessbandarbeit ist die Bewegung synchronisiert und gerät zum Rapport, der sich noch eine lange Weile nach links erstrecken dürfte.

    Zur gleichen Zeit wie Burkhard Mangold wandte sich auch Rudolf Maeglin (1892–1971) jenen Männern zu, die ihre Körperkraft in den Dienst von Bau und Industrie stellen. Der fast zwanzig Jahre jüngere Künstler hatte sich – ganz anders als Mangold – aus dem bürgerlichen Milieu seiner Herkunft gelöst und lebte in Kleinhüningen eine Doppelexistenz als Maler und Hilfsarbeiter in der chemischen Industrie. In der vermeintlichen Naivität seines Blicks sind die Farb-, Bau- und Fabrikarbeiter gezeichnet von den Spuren ihres physisch anspruchsvollen Gewerbes. Indem Maeglin darauf verzichtete, seine eigene Könnerschaft als naturalistischer Maler vorzutragen, stiftete er emotionale Nähe, schenkte den Genossen die Würde des Individuums.[72]

    Eine solche emotionale Zurückhaltung gegenüber dem Motiv blieb Burkhard Mangold fremd. Er war geschult als Dekorationsmaler, sein Schaffen gedieh im bürgerlichen Umfeld aus einem Netzwerk von Vereinen, Zünften, Kulturveranstaltern, öffentlich-rechtlichen und privatwirtschaftlichen Auftraggebern. Ähnlich wie der Maler Sigismund Righini (1870–1937) in Zürich qualifizierte ihn sein unermüdliches Schaffen zuerst zum Mitglied, dann zum Präsidenten der Schweizerischen Kunstkommission.

142   ‹Selbstbildnis mit Spiegel›, undatiert
143   ‹Selbstbildnis vor Spiegel›, Kohle und Kreide auf Papier, 1930

Er hielt Distanz, blieb Szenograf seiner Bildinhalte auch dann, wenn er sich selbst zum Modell nahm. Wie ein Indiz dafür, dass der tatsächliche und der gespiegelte Mann das Ergebnis seines eigenen Könnens sind, weisen die zwei Pinsel vor dem Weiss seiner Malerkutte einmal aufs Original, einmal auf sein Double. Meisterlich modelliert Mangold seinen Kopf, links als Schädel im Profil und rechts als Maske, frontal, mit tief liegenden Augen. Rund dreissig Jahre später hatte die Erfahrung des Plakatkünstlers den Maler eingeholt. Immer weiter zurück springt sein Kopf, vom Spiegel vor ihm in jenen dahinter, bis die Staffelei den Rahmen fixiert.

Dominique Mollet

Mangold und die Basler Fasnacht

Burkhard Mangold war ein aufmerksamer und genauer Beobachter: wohlwollend und zugleich nach den Hintergründen fragend, empathisch und gleichsam in gewisser Weise distanziert. Der traditionsreichen Basler Fasnacht näherte er sich mit seinen reichen Erfahrungen aus den ungezählten Aufträgen für Unternehmen und Berufsverbände, Zünfte und Kulturinstitutionen. Mangold fertigte Zeichnungen und Druckgrafiken mit Fasnachtsmotiven an und schuf für das Fasnachts-Comité Postkartenmotive. Während Jahrzehnten war die Fasnacht, wie andere Basler Traditionen, fester Bestandteil von Mangolds Motivwelt. Vor allem aus den 1920er- und 1930er-Jahren haben sich verschiedene Zeugnisse dieser künstlerischen Arbeiten erhalten, von denen hier einige beispielhaft vorgestellt werden.

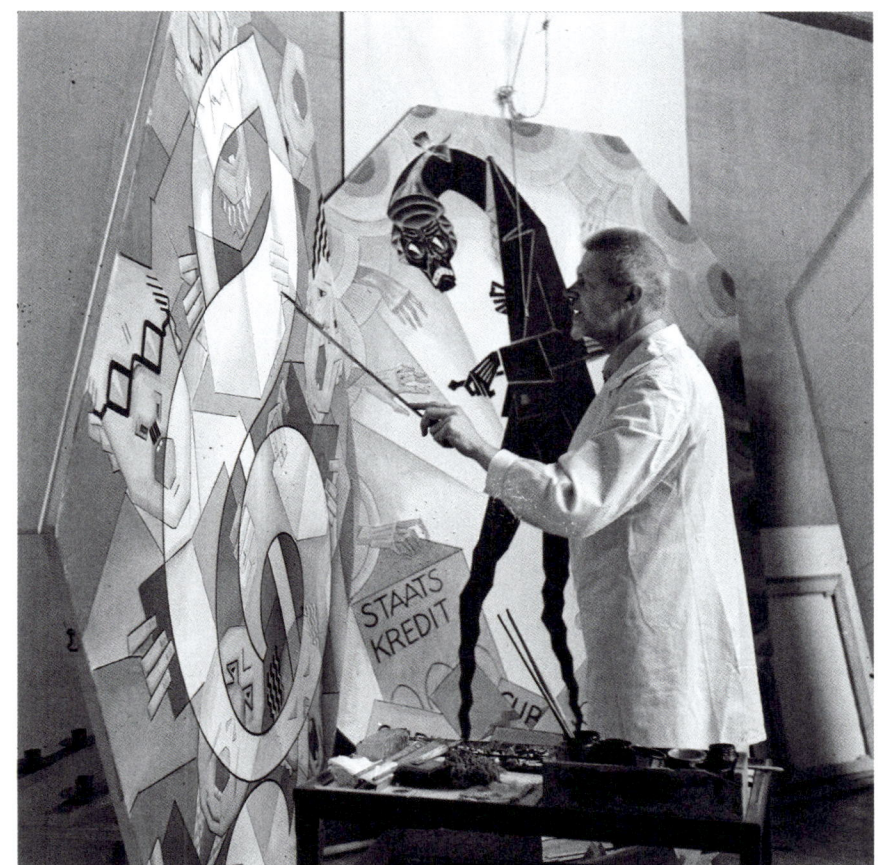

Fasnachtssujets leben von der Karikatur, vom Übersteigern und von der klischeehaften Darstellung von Begebenheiten oder Personen des öffentlichen Lebens. Immer wieder stehen gesellschaftliche und politische Themen im Fokus, aber auch Geschehnisse, die im zurückliegenden Jahr Stadtgespräch waren. Mangolds Kostüme und Laternen entstanden in einer Zeit des Umbruchs. Bis zum Ersten Weltkrieg waren die Basler Fasnachtslaternen in dunklen, satten Tönen gehalten und orientierten sich an der traditionellen Wandmalerei; monumentale und pathetische Figuren dominierten die Darstellungen. Dies änderte sich zu Beginn der 1920er-Jahre durch Einflüsse aus dem Expressionismus und der Neuen Sachlichkeit und durch die geometrischen Figuren. Weil Farbigkeit und Transparenz zunehmend wichtiger geworden waren, konnte Mangold seine Erfahrungen aus der Glasmalerei erfolgreich einbringen. Inhaltlich verschwanden die klassischen Gesten zugunsten von Sozialkritik, politischen und gesellschaftlichen Themen und der Karikatur von Amtsträgern oder Prominenten.

Gestalter in Zeiten des Umbruchs

In jener Epoche wendeten sich immer mehr Künstler von der Fasnacht ab und betrachteten diese als minderwertige Volkskunst, die simpel und für jeden verständlich sein sollte, während die Kunst Höheres schaffte. Hinzu kam, dass die immer einflussreicher werdende Abstraktion sich nicht ohne Weiteres auf die Bildwelt der Fasnacht übertragen liess. Die Laternen schilderten konkrete Begebenheiten und blieben dabei nahezu immer gegenständlich und leicht wiedererkennbar.

115 Mangold und die Basler Fasnacht

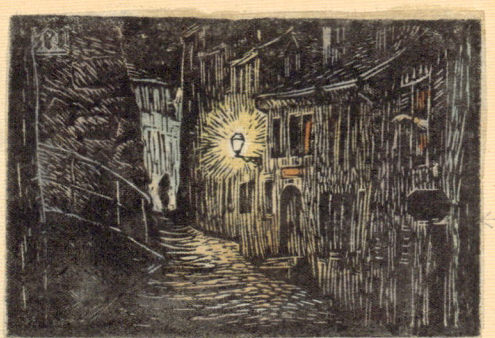

144 Laternenentwurf aus dem Jahr 1935
145 Mangold beim Umsetzen des Entwurfs für die Fasnacht 1935 in seinem Atelier, fotografiert von Lothar Jeck
146 Von Mangold gestaltetes Titelblatt der Fasnachts-Gazette ‹d' Schnure› aus dem Jahr 1914
147 In seiner losen Folge originalgrafischer Blätter mit dem Titel ‹Basler Helge› hielt Mangold prägende Basler Ereignisse und Stadttore fest, hier ‹dr Morgeschtraich› der Fasnacht, um 1920
148 Laternenentwurf zur ‹Schweizerischen Wohnungsausstellung Basel WOBA 1930›, Fasnacht 1931

Insbesondere der Basler Kunstkredit versuchte in jenen Jahren immer wieder, diese Kluft zu überbrücken. Laternen wurden in den Tageszeitungen von Kunstkritikern besprochen und als wichtiger Bestandteil der Basler Kultur gewürdigt. Ausserdem trugen Laternenausstellungen zu einer breiten Vermittlung dieser bildkünstlerischen Ausdrucksform bei.

Die Nähe zur Kunst und sein Bestreben, die Laternenmalerei als Kunstform aufzufassen, ist in Mangolds Arbeiten deutlich spürbar. Immer wieder nahm er sich mehr oder weniger bekannte Kunstwerke zum Vorbild, die er persiflierte und damit Bezüge in die Kunstwelt schuf. 1931 zeichnete er einen Laternenentwurf für den Central Club Basel 1911 mit dem Sujet ‹WOBA – Altbasel/Neubasel›, der sich auf die im Vorjahr abgehaltene 1. Schweizerische Wohnungsausstellung Basel bezog. Mangolds Sujet lehnt sich an Niklaus Stoecklins Gemälde ‹Rheingasse› an, dessen Szenerie es nachstellt und mit verschiedenen Figuren und Geschichten belebt. In ihm schildert er Alltagsszenen – ein Metier, das er bravourös beherrscht – und spickt diese mit Situationskomik, etwa mit einer Dame im zweiten Stock des Hauses, die ihren Nachthafen ausleert, und dabei einen Herrn nassspritzt, der gerade aus dem Haus tritt. Bereits in seinem Entwurf finden sich Laternenverse, welche die einzelnen Bildgeschichten ergänzen und erläutern.

Bildzitate auf Laternen
Für mindestens drei Fasnachtscliquen malte Mangold Laternen und entwarf Kostüme: ein Motiv für die 1907 gegründete Basler Mittwoch-Gesellschaft (BMG), ein weiteres Motiv für den ersten Auftritt der Sans Gêne im Jahr 1923, und insgesamt zehn Sujets für den Central Club Basel 1911 (CCB).[73]

149 Laternenentwurf, vermutlich aus dem Jahr 1937; das Motiv bezieht sich auf die Statue des Munatius Plancus im Innenhof des Rathauses
150 Entwurf für eine Laterne der Fasnacht 1937, die auf Francisco de Goyas Motiv ‹Saturn verschlingt seinen Sohn› (1819–1823) Bezug nimmt
151 Undatierter Entwurf für eine Laterne, der an Edvard Munchs berühmtes Gemälde ‹Der Schrei› (1893) erinnert

Bei einem anderen Laternenentwurf lehnte er sich an die Statue des Munatius Plancus im Innenhof des Basler Rathauses an, deren Kopf er beinahe formatfüllend porträtierte. In den Laternenversen kritisiert er die Jagd nach Subventionen. Spannend sind Details, wie die Locken des Bartes, die aus menschlichen Köpfen zusammengesetzt sind, die rote Stola, die die Arbeiter wie Ornamente zeigt, sowie der Mantel, dessen Muster aus Münzen besteht. Mangold thematisierte damit den ‹Arbeitsrappen›, ein 1936 beschlossenes Arbeitsbeschaffungsprogramm des Kantons, das bis 1944 mithilfe einer eigens erhobenen Steuer zur Ankurbelung der Wirtschaft beitragen sollte.[74]

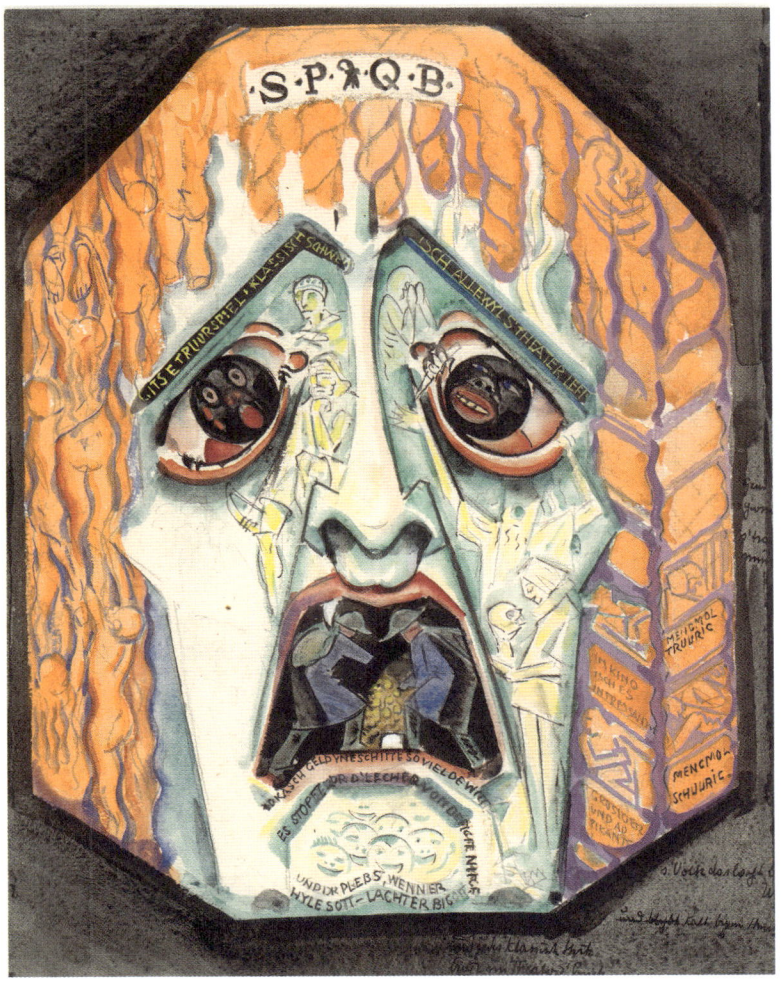

Klassiker der Kunstgeschichte als Vorbilder
1937 nimmt er Francisco de Goyas ‹Saturn verschlingt seinen Sohn›, 1819–1823, zum Vorbild für eine Laterne, die einen Riesen zeigt, der mit seinen Händen eine Menschenmenge packt und ihn in seinen Mund schiebt. Die Frisur des Menschenfressers entpuppt sich bei näherem Hinsehen als eine Reihe kleiner Flugzeuge, die wohl auf den drohenden Zweiten Weltkrieg hindeuten.

Ein anderes Mal nimmt er Edvard Munchs ‹Schrei›, 1893, als Anregung für eine Laterne, wobei er das Motiv mit Zügen klassischer griechischer Theatermasken mischt. Das Sujet behandelte die Finanzmisere des Theaters und dessen elitären Anspruch. Interessant ist, dass heute noch zwei Entwurfsfassungen existieren, die erste ist ohne satirische Elemente und bei der zweiten sind verschiedene Teile des Bildes von Munch verändert, mit zusätzlichen Details gespickt und mit Laternenversen versehen. So ist in den Augenbrauen wie ein Ornament der Spruch zu lesen «gits e Truurspiel klassisch schwer – isch allewyl s Theater leer». Der Raum zwischen Nase und Augen ist wiederum mit klassisch-antiken Theaterfiguren gefüllt, und im Mund sind zwei Arbeiter zu sehen, die Goldmünzen zusammenschaufeln. Darunter steht «D kasch Geld yneschitte so viel de witt, es stopft d' Lecher vom Deficit nit». Als Bart benutzt er lachende Köpfe und schreibt «und dr Plebs, wenn er hyle sott – lacht er bigott». Möglicherweise gehören vier weitere, noch existierende, aber nicht datierte Entwürfe zu diesem Sujet. Der eine zeigt einen Fuchs, der das Theater als Kleid und ein Sparschwein auf dem Kopf trägt. Der Fuchs wird mit einer Windfahne am Schwanz in einem anderen Entwurf wieder aufgenommen. Dazu gesellt sich ein abstrakt gestalteter Tambourmajor, dessen Kopf wie eine Gottesanbeterin aussieht.

Zeitgeist und Gesellschaftskritik

Beissende Gesellschaftskritik besonderer Art übte Mangolds Laternenentwurf zum Sujet ‹Gas› aus, entstanden für die Fasnacht 1938. Vor einem Medaillon des heiligen Fridolin steht eine Familie mit zwei angsterfüllten Kindern. Der Vater hält einen Feuerwehrschlauch in der Hand, die Mutter einen Besen und die Kinder kleine Schaufeln. Die Eltern stehen im Morgenmantel und mit Finken da, beide tragen Gasmasken. Am unteren Bildrand steht: «Wärs nit so druurig wärs zuem lache – was d Mensche hit fir Sache mache», eine kritische Satire am Vorabend des Zweiten Weltkriegs. Dazu existiert ein Entwurf der Tambouren, der geschilderten Männerfiguren, mit Gasmaske. Es handelt sich um den wahrscheinlich letzten Entwurf Mangolds für eine Fasnachtslaterne, da sich die Laternenmalerei nach dem Krieg wieder wandelte, er aber seiner Bildsprache treu blieb.

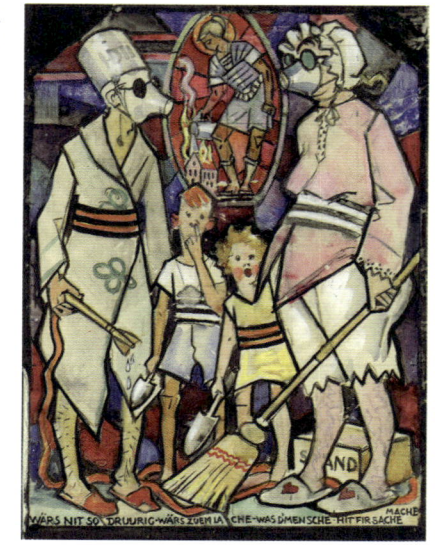

Aus dem Jahr 1923, dem Jahr der grossen Inflation, haben sich der Entwurf und Fotografien einer Fasnachtslaterne erhalten, die ein wichtiges Zeitdokument sind und auch über die Rolle des Laternenkünstlers Auskunft geben. Im Auftrag der gerade gegründeten Clique Sans Gêne malte Mangold die Laterne zum Sujet ‹Die Herren der Welt›. Aus einer antisemitischen und antikapitalistischen Weltsicht, die seinerzeit nicht nur in Deutschland, sondern auch in der Schweiz zu einer gesellschaftlichen Selbstverständlichkeit geworden war, kritisierten die Fasnächtler der Sans Gêne – und mit ihnen ihr Laternenmaler Mangold – die vorgebliche Dominanz jüdischer Persönlichkeiten in Finanzwelt, Wirtschaft und Kultur: «Die Juden und ihr Geld regier'n die ganze Welt»

In Mangolds karikierender Laternenmalerei finden sich dann auch die schon seit dem 14. Jahrhundert aufgekommenen und im 19. Jahrhundert in Karikaturen fest etablierten Bildklischees wie die ‹jüdische Hakennase› wieder. Aus dieser – im Gesamtschaffen des Künstlers einmaligen – Diskriminierung jedoch abzuleiten, Mangold sei zeitlebens Antisemit gewesen, wird ihm aber nicht gerecht und vernachlässigt die in den Fasnachtsdarstellungen oftmals übersteigert dargestellten Themen, welche bestehende Ressentiments aufgriffen und verstärkten: «Die Krisenjahre nach dem Ersten Weltkrieg führen auch in der Schweiz zu mehr Antisemitismus. ‹Die Juden› gelten in grossen Teilen der Bevölkerung als Kriegsgewinnler und Spekulanten. [...] Vor allem die Zuwanderung ostjüdischer Emigranten wird kritisch bis ablehnend beurteilt, von den Linken bis weit hinein ins Bürgertum.»[75] So blieb die Laterne an der damaligen Fasnacht unkommentiert. Erst die heutige Aufarbeitung nimmt sich – im Wissen um die späteren Entwicklungen – der fatalen historischen Zeugnisse an.

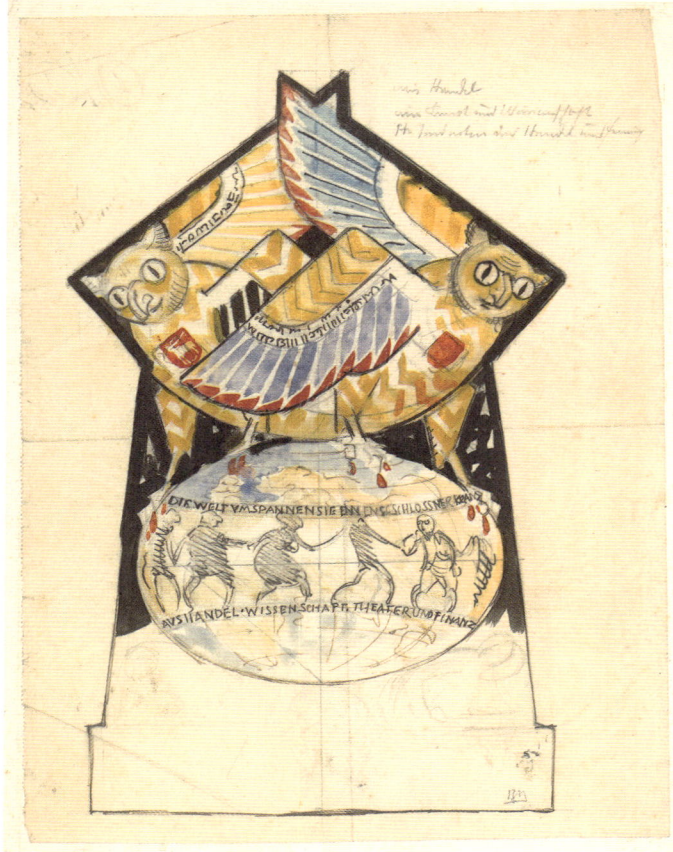

152/153   Entwürfe für eine 1938 vom Central Club Basel 1911 in Auftrag gegebene Laterne
154   Entwurf für die erste Fasnachtslaterne der Sans Gêne aus dem Jahr 1923; mit historischem Abstand betrachtet, sorgt das antisemitische Sujet für Kritik
155   Stierkopf-Laterne der Basler Mittwoch-Gesellschaft, Fasnacht 1924; die Laternenausstellung fand viele Jahre in der Turnhalle des Steinenschulhauses statt
156–159   Kostümentwürfe für ein unbekanntes Sujet, vermutlich Mitte der 1930er-Jahre

Neben den Laternenentwürfen existiert eine Reihe von Zeichnungen, deren Themenhintergründe und Entstehungsjahre nicht mehr rekonstruiert werden können, die aber zusammengehören. Die Tambouren werden als Mönche mit Schweineköpfen dargestellt. In ihren Nacken ist die Sohle eines Schuhs zu sehen, der sie getreten hat. Als Variante hat er die Mönchskutte durch ein Bauernhemd ersetzt. Dieses ist auch beim Tambourmajor zu finden, auf dessen Rücken eine Eisprinzessin im kurzen, weissen Balletträckchen, mit schwarzen Stiefeln und einer Sternenkrone steht. Diese Figur, wahrscheinlich ein Pfeifer, findet sich auch auf einer weiteren Zeichnung.

Mangold und die Basler Fasnacht

Das Handmotiv von 1924

Von einem Sujet haben sich praktisch alle Elemente einer Cliquenfasnacht erhalten: der Laternenentwurf, die fertige Laterne, Kostümentwürfe, der Eintrag in den Fasnachtsführer ‹Rädäbäng› und ein Zeitungsausschnitt mit einer Abbildung der Laterne.

Es handelt sich um das Sujet der Basler Mittwoch-Gesellschaft von 1924 ‹Knips-Konkurrenz, Totalausverkäufe, Preisausschreiben etc.›. Darüber hinaus ist der von Mangold illustrierte ‹Zeedel› erhalten, auf dem das von ihm entworfene und heute noch verwendete Cliquenlogo der BMG prangt. Die Laterne zeigt eine grosse Hand mit gespreizten Fingern, die im ‹Rädäbäng› mit «Hand, Bedeutung Halt genug!» erläutert wird. Angeprangert wird das Überhandnehmen von Aktionen und Verkaufswettbewerben in den Läden und Kaufhäusern. Die Flächen zwischen den Fingern sind dunkler gehalten, damit im leuchtenden Zustand der Eindruck entsteht, die Laternenform bestehe wirklich aus einzelnen Fingern und sei keine zusammenhängende Fläche. Diese Zwischenräume sind mit Menschengruppen gefüllt, die zum Ausverkauf strömen. Mangold kommentiert den Konsumrausch und den Umstand, dass man kaum mehr einkaufen kann, ohne an einem Wettbewerb teilnehmen zu müssen. Sehr wahrscheinlich stammt auch der Zeedeltext selbst aus der Feder des Künstlers, die BMG-Künstlerliste nennt ihn als Urheber der Reime. Spannend ist, dass er in diesem Sujet die zunehmend aggressiveren Verkaufsmethoden seiner Zeit beklagt und die Werbung aufs Korn nimmt – also ausgerechnet jenes Metier, das er nahezu sein gesamtes Berufsleben als Gebrauchsgrafiker auch selber bespielte.

Die einzelnen Kostümentwürfe von den Vorreitern zu Pferde bis zum damals schon existierenden Wagen zeigen groteske Gestalten als Werbeträger. Sie sind geometrisch gehalten und erinnern an Oskar Schlemmers 1912 entworfenes und zehn Jahre später in Stuttgart uraufgeführtes ‹Triadisches Ballett› oder an die russische Avantgardekunst der 1920er-Jahre um Wladimir Tatlin.

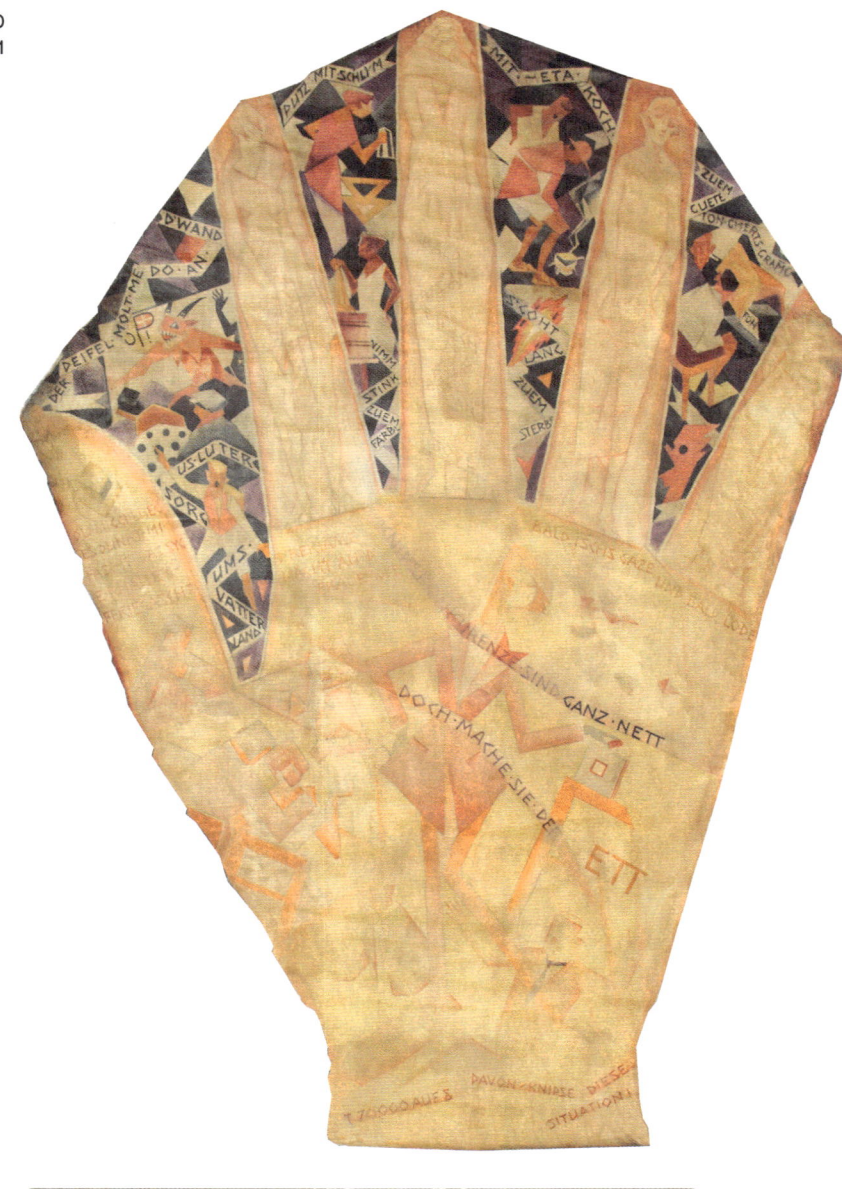

160 Bis heute erhaltene ‹Hand›-Laterne der Basler Mittwoch-Gesellschaft von der Fasnacht 1924
161 Signet der Basler Mittwoch-Gesellschaft, 1924 von Mangold gestaltet und bis heute in Gebrauch
162 Auf der von Mangold gestalteten offiziellen Comité-Karte tauchen im Hintergrund drei seiner eigenen Laternen wieder auf: Stierkopf, Hand und Mond
163 Kritik an der im Stadttheater aufgeführten Revue-Operette ‹Zum weissen Rössl› auf einem Laternenentwurf, Mitte 1930er-Jahre
164 Die traditionelle Fasnachtsfigur des ‹Dummpeters› mit kaputter Trommel, von Mangold Mitte 1930er-Jahre zu Papier gebracht

Prägend in seiner Zeit

Ein zeittypisches Sujet ist der Laternenentwurf mit dem Titel ‹Zum weissen Rössl› aus der Mitte der 1930er-Jahre. Hier bezieht sich Mangold auf das vorgeblich seichte Musikprogramm des Stadttheaters. Wohl ab dem Jahr 1931 und sicher bis 1933 (in einer Neuinszenierung 1947 dann nochmals) wurde dort die gleichnamige Revue-Operette ausgesprochen häufig gespielt – sehr zum Verdruss der Musikbegeisterten mit höheren Ansprüchen: «Eine Dominante ganz anderer, nicht genug zu beklagender Art ist noch zu erwähnen, die der Berichtsperiode vielleicht sogar den Stempel aufgedrückt hat. Ein Machwerk schlimmster Sorte, dessen Welterfolg ebenso einzigartig wie rätselhaft genannt werden muss, brachte es auch an unserer Bühne zu einem Rekord: zu nicht weniger als 60 Vorstellungen, von denen gut 50 ausverkauft waren. Damit beanspruchte, wie der Präsident der Genossenschaft des Basler Stadttheaters in seinem Jahresbericht feststellt, die Revue-Operette ‹Im weissen Rössl› von Benatzky ein volles Sechstel aller Vorstellungen — wohl ein Unikum in der Geschichte des Basler Stadttheaters. Innerhalb von 7 Monaten brachte es das Stück auf 53 758, die Aufführung also durchschnittlich auf 896 Besucher. Dass das nicht ohne Benachteiligung des übrigen Spielplans abging, ist leicht verständlich; immerhin wird man der Theaterleitung, zumal in der gegenwärtigen Krise, keinesfalls die starke Bevorzugung dieses Werkes zum Vorwurf machen dürfen, denn sie hat nur ihre Pflicht erfüllt, wenn sie seine Zugkraft für die Kasse ausgenützt hat. Die radikale Gesundung des Spielplans würde ja nur eine gänzliche Befreiung von der Operette bringen; die Kasse aber würde an dieser Gesundung höchstwahrscheinlich zugrunde gehen.»[76]

Ebenfalls aus den 1930er-Jahren stammt ein Motiv, dessen Zeitlosigkeit auffällt. Mit der traditionellen Fasnachtsfigur des ‹Dummpeters›, der fragenden Blickes seine kaputte Trommel betrachtet, bediente Mangold für einmal kein aktuelles Thema, sondern zeigt eine klassische Szene aus den ‹drey scheenschte Dääg›.

165–168 Laternenentwürfe für den Central Club Basel aus den Jahren 1927 bis 1936: vermutlich Comité-Obmann Georg Fürstenberger (Abb. 165 und 166; 1930), Schlafstadt Basel (Abb. 167; 1928) und Migros- und Hotelplan-Gründer Gottlieb Duttweiler (Abb. 168; 1936)

Laternenmalerei als zeitgenössische Kunst

Den Cliquenkeller des Central Club Basel 1911 zieren verschiedene originale Laternenentwürfe von Mangold aus den 1920er- und 1930er-Jahren. Für 1927 wählte die Clique eine beissende Kritik an der mutmasslich zementierten Rolle der Frau im Haus und am Herd. Ein menschenleeres Basel des Nachts bei Mondenschein war 1927 Thema. Zwei Jahre später folgte fasnachtsinterne Ironie: Die Laterne von 1930 zeigt vermutlich Georg Fürstenberger, den damaligen Comité-Obmann und Direktor des Basler Verkehrsvereins (heute Basel Tourismus). An der Fasnacht 1936 thematisierte der CCB die Krise des Schweizer Tourismus, aus der Migros- und Hotelplan-(‹Hopla›-)Gründer und ‹Wirtschaftsnäpi› Gottlieb Duttweiler einen Ausweg finden sollte.

Mit seinen Laternen unterstützte Mangold die damaligen Bestrebungen des Basler Kunstkredits, die visuellen Beiträge an der Fasnacht als Werke zeitgenössischer Kunst zu zählen. Gleichzeitig stehen sie im Kontrast zu seinem übrigen Œuvre, in dem er meist Szenen darstellt, diese aber nur selten kommentiert. Abgesehen von insgesamt fünf Abstimmungsplakaten, die als Auftragsarbeiten anzusehen sind, zeigte er kaum Ambitionen, mit politischen Arbeiten aufzutreten. Trotz der zahlreichen Bezüge zur Kunst wirken Burkhard Mangolds Laternen und Kostümentwürfe nie abgehoben. Virtuos spielt er mit skurrilen Alltagsszenen, steigert sie ins Aberwitzige oder hält der Gesellschaft einen Spiegel vor, wie beim Sujet ‹Gas›, das den Irrsinn des Zweiten Weltkriegs vorwegnimmt (s. Abb. 152/153).

125 Mangold und die Basler Fasnacht

Tilo Richter

Ein visueller Poet
Reklamekunst, Gebrauchsgrafik und Buchillustration

Das halbe Jahrhundert zwischen 1880 und 1930 gilt als die grosse Zeit des Plakats, der Reklamekunst und der Illustration. Drucktechniken von der traditionellen Lithografie über die Autotypie und den Klischee- bis zum Rollenoffsetdruck eröffneten teils grundlegend neue, nahezu unbegrenzte gestalterische Möglichkeiten für Künstlerinnen und Künstler und für das grafische Gewerbe. Die Fassaden der Geschäftshäuser, so auch in Basel, und die Litfasssäulen an den grossstädtischen Strassen und Plätzen waren gepflastert mit Plakaten, oder besser Kunstwerken: Werbung für internationale Marken wie Persil, Campari oder Maggi klebte neben den Affichen für die lokalen Konsumtempel – die Magazine zur Rheinbrücke oder am Marktplatz das Kaufhaus Globus.

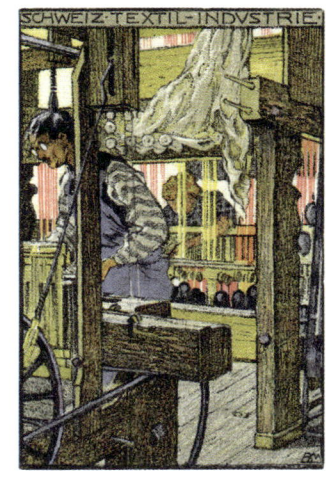

Neben kommerziellen Plakaten im Grossformat gab es auch handliche Alternativen: Werbekarten, Anlasskarten und andere Kleindrucksachen, die zumeist als aufwendig gestaltete und raffiniert produzierte Chromolithografien in Umlauf gebracht wurden. Die Auflagen dieser brieftaschengrossen grafischen Produkte waren höher, die Produktionskosten viel niedriger als die der Plakate. Zudem war die oben genannte Epoche ein Eldorado für Sammlerinnen und Sammler von Ansichtskarten, die damals in wahren Bilderfluten von Stadt zu Stadt und von Kontinent zu Kontinent unterwegs waren. So wurden allein in der Schweiz im Jahr 1913 mehr als 100 Millionen Ansichtskarten verschickt.

Der Grafiker Burkhard Mangold schuf während Jahrzehnten starke Gestaltungen im Postkartenformat. Nach seiner Rückkehr 1900 von München erhielt er in Basel sofort Aufträge. Seine Entwürfe zu verschiedenen kulturellen und folkloristischen Ereignissen sind zahlreich.[77] Die für ein vielteiliges Leporello entstandenen Zeichnungen des Basler Festspiels 1901, zu dem Mangold auch die Kostümentwürfe beigesteuert hatte, zirkulierten als gedruckte Ansichtskarten (s. Abb. 12 u. 14). Auch von seinen fünf Wandbildern für das Basler Restaurant Wolfsschlucht in der Gerbergasse aus dem Jahr 1905 entstanden beliebte Werbekarten (s. Abb. 51–55).

Ein visueller Poet – Reklamekunst, Gebrauchsgrafik und Buchillustration

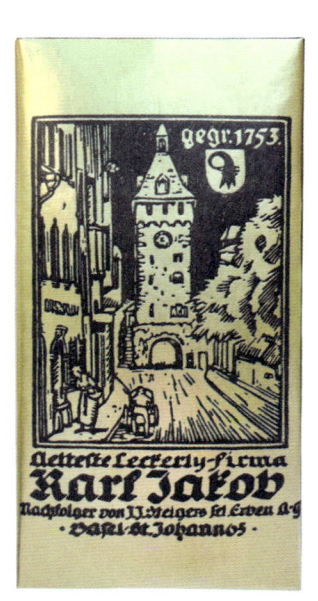

169	Werbekarte für die Kaufhäuser Magazine zu den Vier Jahreszeiten in Bern, Solothurn und Thun, um 1910
170–175	Sechs Künstlerpostkarten, die Mangold für die Schweizerische Landesausstellung 1914 in Bern gestaltet hat
176	Werbekarte für Jakob's Basler Leckerly, um 1920
177	Mangolds Holzschnitt des St. Johanns-Tors, der bis heute auf den Verpackungen von Jakob's Basler Leckerly verwendet wird
178	Sujet für die Basler Liedertafel, um 1905
179–182	Für die Zürcher Möbelfirma Sanitas entstanden nach 1911 mehrere Werbesujets, hier abgebildet ‹Veranda›, ‹Stanza per Bambini›, ‹Studio› und ‹Bagno›

Bild, Schrift und Ornament

Ein weiteres Betätigungsfeld Mangolds war die klassische Produkt- und Firmenwerbung. Schon bald nach 1900 entstanden höchst individuelle Sujets; für einzelne Firmen entwickelte er ganze Corporate Designs.[78] Für die älteste Basler Leckerly-Manufaktur von Karl Jakob fertigte er einen Holzschnitt, der bis heute auf den Verpackungen der Basler Spezialität und als Markenzeichen der Firma verwendet wird.

In seinen Werbegrafiken variierte Mangold die ihm zur Verfügung stehenden Techniken, er bediente sich der klassischen Federzeichnung und -schrift, fertigte Holzschnitte an und aquarellierte. «Seine fabelhafte zeichnerische Begabung wie auch sein einzigartig entwickeltes manuelles Geschick kamen ihm dabei sehr zugute. Phantasie, Ideenreichtum und Hand waren bei ihm eins.»[79] So formulierte es der Maler und Grafiker Otto Plattner 1952 in einem Nachruf auf Mangold.

179
180

181
182

Besonders hohe Wertschätzung fand Mangolds Talent, die drei Elemente Bild, Schrift und Ornament zu einer gestalterischen Einheit verschmelzen zu lassen. Dabei kamen ihm seine Ausbildung und seine berufliche Praxis als Dekorations- und Wandmaler entgegen. Mangolds Sujets entwickeln mit ihrer erzählerischen Kraft nicht nur in den Buchillustrationen, sondern bemerkenswerterweise auch in den eigentlich schnelllebigen, stärker auf funktionale Effekte setzenden Werbegrafiken eine ganz eigene poetische Kraft. Viele seiner Werbemotive, etwa für Sanitas, einen Zürcher Möbelhersteller,[80] oder PKZ, das Zürcher Modegeschäft Paul Kehl, sind durchgearbeitete Illustrationen, die auch in einem literarischen Buchkontext ihre Wirkung entfalten würden.

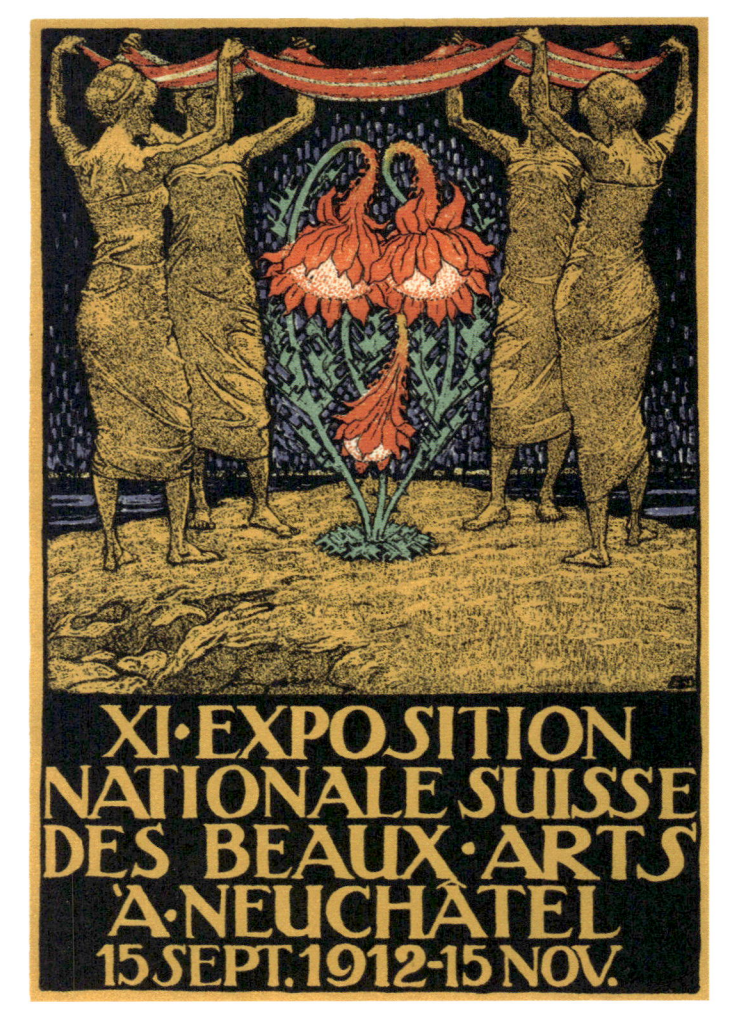

183 Werbesujet für die Fabrik elektrischer Motoren Vulkan, 1907
184 Plakatmotiv für die 1912 in Neuchâtel durchgeführte XIᵉ Exposition Nationale Suisse des Beaux Arts
185 Festpostkarte zum Urnertag am 15. November 1915
186 Bildmotiv auf einer Mono-Werbekarte, um 1910

Dynamisch und monumental

Eine Mangold'sche Eigenart sind überraschende Bildkompositionen. Häufig bezieht er beispielsweise das Publikum in die dargestellte Szenerie ein, etwa durch Figuren in Rückenansicht im Bildvordergrund. Die Betrachterinnen und Betrachter des Bildes reihen sich so gewissermassen ins Publikum mit ein. Oder er erhebt die dargestellten, teils monumentalen Figuren über die Horizontlinie und erzeugt eine starke Aufsicht. Exemplarisch sind hierfür seine Sujets für die Fabrik elektrischer Motoren Vulkan 1907 oder für die XIᵉ Exposition Nationale Suisse des Beaux Arts in Neuchâtel 1912.

Auch das Spiel mit gewagten Anschnitten beherrschte Mangold: Er verlieh seinen Motiven Dynamik, indem er sie über die Bildränder hinauswirken liess. Mitunter vermitteln seine Zeichnungen sogar den Eindruck von filmischer Bewegung, zum Beispiel bei seinen Sujets zum Panorama am Utoquai von 1910, bei denen für das V. Kantonalschützenfest beider Basel 1911 (s. Abb. 264) oder bei dem berühmten Eislaufmotiv ‹Winter in Davos› von 1914 (s. Abb. 263).

131 Ein visueller Poet – Reklamekunst, Gebrauchsgrafik und Buchillustration

187/188	Mono-Werbekarten für den Zürcher Kühleis-Lieferanten Emil Knecht AG und für das Waschmittel Boril der Seifen-, Soda- und Stearin-Fabriken Sträuli & Co. in Winterthur, beide um 1910
189	Akzidenzdruck für den Verein der Plakatfreunde Berlin, 1911
190	Entwurf für eine neue Zunftfahne, in abgewandelter Form angefertigt aus Anlass des 550-Jahr-Jubiläums der E. Zunft zu Fischern, 1904
191	Einladung zu einer Ausstellung der Basler Künstler-Gesellschaft in der Kunsthalle, um 1925

Ein eigens erfundenes Werbeformat sind die sogenannten Monos. Der Schweizer Unternehmer Karl Wilhelm Bührer gründete 1905 in Winterthur die Internationale Mono-Gesellschaft, welche die hiesige Werbebranche zu einheitlichen Formaten für ihre Drucksachen animierte. Das Mono sollte – 11,5 mal 16,5 Zentimeter gross – nicht nur ein Werbemittel, sondern gewissermassen als Plakat im Kleinformat zugleich einen ‹kulturellen Wert› darstellen und eine ‹künstlerische Reform› möglich machen: «Durch die technische Vollendung und künstlerische Ausgestaltung jeder einzelnen Drucksache soll die Freude am Schönen in die breitesten Schichten des Volkes getragen werden.»[81] Zu den wichtigsten Künstlern der kurzen, nur bis 1911 währenden Mono-Ära zählten neben Mangold Emil Cardinaux und der auch in Basel tätige Paul Kammüller sowie der deutsche Ludwig Hohlwein, der später zahlreiche Gestaltungen für die Nationalsozialisten schuf. Gewöhnliche Postkarten massen damals in der Regel 9 mal 14 Zentimeter. Das etwas grössere Mono-Format kam der Entfaltung der bildkünstlerischen Arbeiten entgegen, zugleich bot die Rückseite ausreichend Platz für Informationen zur Firma und zu ihren Produkten. Postkarten und Monos stiessen gleichermassen auf die Leidenschaft der Sammlerinnen und Sammler, die ihre grafischen Trouvaillen in eigens angebotenen Alben zusammentrugen.

VEREIN·DER·PLAKATFREVNDE BERLIN OKT·1911

Die Zusammenarbeit mit der Graphischen Anstalt J. E. Wolfensberger und der Lithographischen Anstalt Gebrüder Fretz in Zürich sowie der Lithographischen Anstalt Wassermann & Schäublin in Basel hob Mangolds auf Plakaten, Postkarten und Kleindrucksachen verbreitete Kunst auch drucktechnisch auf ein ausserordentliches Niveau. Seine Arbeiten aus dem weiten Bereich der Reklame können als eigenständige künstlerische Werke angesehen werden, sie veranschaulichen Mangolds Entwicklung über nahezu seine gesamte Schaffenszeit hinweg eindrucksvoll.

Für seine kleinformatigen gebrauchsgrafischen Arbeiten gilt gleicherweise, was im Jahr 1920 über seine Plakatkunst geschrieben wurde: «Der Basler Charakter im Gegensatz zum bernischen: schwächer, unbestimmter, aber feiner und kultivierter, ausserordentlich musikalisch, starken Gegensätzen abhold, Rokoko in moderner Fassung. Dem entspricht Mangolds Reklamekunst; das Vorherrschen eines silbergrauen Gesamttons, die harmonisch abgestuften Farben, die durchgearbeitete Zeichnung, die irgendwie historisch anmutende Schrift; trotz der Grösse keine laute Kunst. Aber die Werbekraft beruht nicht immer auf der brutalen Wirkung; Mangold zeigt, dass die Erregung freundlicher Gefühle sehr viel mehr geneigt macht, dem Gegenstand der Reklame näherzutreten.»[82]

1354 1904

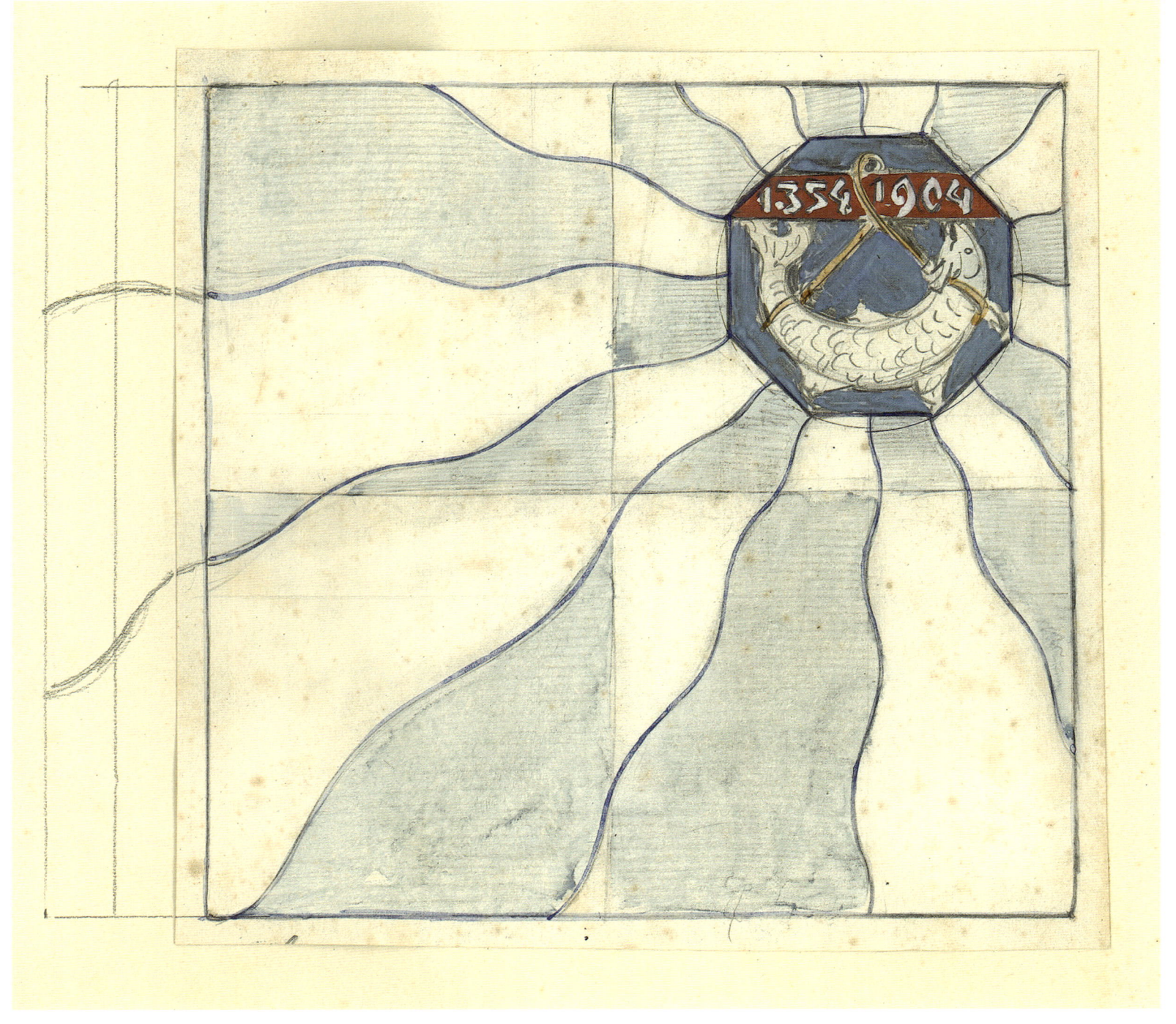

Die Basler
Künstlergesellschaft
ladet Sie zum Besuch ihrer
Ausstellung
in der Kunsthalle, 18. Mai
bis 9. Juni, insbesondere zur
Eröffnung derselben, am 18. Mai
3ʰ Nachm. ergebenst ein.~

GRAPH. ANSTALT W. WASSERMANN, BASEL

Ein visueller Poet – Reklamekunst, Gebrauchsgrafik und Buchillustration

FEST-
KARTE

XXVIII · GENERALVERSAMLUNG DER
GESELLSCH · EHEM · SCHÜLER · DES EIDG ·
POLYTECHNIKUMS · ZÜRICH
ZU BASEL · 1904

E·BASLER·ABC·   BASLER·HELGE·N° 9

137 Ein visueller Poet – Reklamekunst, Gebrauchsgrafik und Buchillustration

Buchschmuck und Illustrationen

«Seinem künstlerischen Empfinden folgend, hat er mit feinem Gefühl für Schwarz-Weiss-Wirkung dunkle und helle Flächen gegeneinander ausgewogen, immer so, dass er die hellen Partien vorherrschen, die dunkeln eine relativ kleine Fläche beanspruchen liess.»[83] Ein Buchgenre, für das Mangold Illustrationen vornehmlich gestaltete, sind biografische und historiografische Schriften. In ihnen tauchte er in die Lebenswelt der dargestellten Person und immer wieder auch in den künstlerischen Duktus der Zeit ein. Weitgehend konventionell illustrierte er 1904 mehrere Kapitel des opulent ausgestatteten Sammelbands ‹Schweizer eigener Kraft. Nationale Charakterbilder für das Volk›. Eine besondere Rolle in seinem Schaffen nimmt der opulent bebilderte ‹Offizielle Festbericht der Basler Bundesfeier 1901› ein. Er entstand zum 400-Jahr-Jubiläum von Basels Eintritt in den Schweizerbund, das in grossem Stil gefeiert wurde. Die in der Festschrift versammelten Lithografien, Zinkätzungen und Lichtdrucke von Burkhard Mangold, Franz Baur und Adolf Völlmy verstehen sich als Kaleidoskop historischer Persönlichkeiten, die den Lauf der Basler Geschichte beeinflusst haben. Sie bilden keine eigene Erzählung, sondern begleiten die ausführlichen Texte, die über die Organisation und die Inhalte des Jubiläumsfests berichten.

Schon als Kind hatte Burkhard Mangold sich intensiv mit historischen Büchern beschäftigt, die entsprechend bebildert waren. Seine seitdem erworbenen Kenntnisse versetzten ihn später als Zeichner in die Lage, die gewünschte Authentizität seiner Illustrationen zu perfektionieren – bis hin etwa zu heraldisch korrekten Farben und Wappen, die seine Sujets vor Beliebigkeit bewahren. Mangold erwies sich in diesen Details als aufmerksamer Beobachter und Vermittler, der keine Mühe scheute, sich kostümkundliches Wissen anzueignen und in seine Motivwelt einfliessen zu lassen.

Neben diesen Publikationen sind vor allem die sogenannte Volksausgabe von Henry M. Stanleys Autobiografie ‹Mein Leben› (Friedrich Reinhardt Verlag, Basel, o. J. [um 1949]) und der Roman ‹Zwingli› (Grethlein & Co., Zürich und Leipzig, 1925) von Mangolds Weggefährten Emanuel Stickelberger zu nennen.[84] Insbesondere die enge Freundschaft zu Letzterem zeitigte nicht nur eine Vielzahl von privaten Kleindrucksachen, sondern zugleich erstaunlich viele Bücher und kleinere Schriften, die Stickelberger verfasst hatte und von Mangold bebildern liess. Ganz in der Tradition des klassischen Holzschnitts stehen die Illustrationen für die französische Übersetzung von Gottfried Kellers ‹Die drei gerechten Kammmacher› (‹Les trois Justes›, éditions Georg & Cie., Genf 1920).

192 Entwurf für eine Einladungskarte zur Generalversammlung der Gesellschaft ehemaliger Schüler des Eidgenössischen Polytechnikums Zürich, 1904; im Vordergrund der Bau der neuen Mittleren Brücke, im Hintergrund die Industrie im St. Johann-Quartier mit dem Gaswerk
193 ‹E Basler ABC›, Basler Helge Nr. 9 und Kartenspiel, Farblithografie, 1928
194–197 Illustrationen zu Werken von Conrad Ferdinand Meyer aus dem Jahr 1925: zu ‹Huttens letzte Tage› (o. l.), zum Gedicht ‹Papst Julius› (o. r.) und zu seinem historischen Roman ‹Jürg Jenatsch. Eine Bündnergeschichte› (u. l., u. r.)

139   Ein visueller Poet – Reklamekunst, Gebrauchsgrafik und Buchillustration

198–201 Holzschnitt-Illustrationen zu ‹Das Buch Jesus Sirach und die Passion Jesu Christi› von 1945: ‹Sohn, willst du in Gottes Dienst treten, so rüst dich zur Anfechtung.› (o. l.), ‹Lob den Menschen nicht in seiner Schöne und veracht keinen um seines Aussehens willen.› (o. r.), ‹Hüt dich vor dem Ratgeber, Betracht zuvor, wozu du ihn benötigst. Ratschlag nicht mit dem, der dich als Feind beargwöhnt, und vor denen, die dich hassen, verbirg deine Ratschläg.› (u. l.), ‹Lob Gottes und sein Werk der Schöpfung› (u. r.)

202–206 Fünf Vignetten als Buchschmuck zu Walter Schädelins Band ‹Gedichte› aus dem Jahr 1905: ‹Liebe› (o. l.), ‹Märchen› (o. r.), ‹Balladen› (M. l.), ‹Vom Tode› (M. r.) und ‹Von ewigen Dingen› (u.r.)

Ein zweiter Typus von Buchillustrationen umfasst freiere Arbeiten Mangolds. Sie finden sich eher in literarischen Werken. Zu ihnen gehören etwa die fünf frühen, stark vom Jugendstil geprägten Vignetten in Walter Schädelins 1905 in Bern erschienenem Band ‹Gedichte› (Verlag von A. Francke) oder die vielen farbigen Illustrationen im 2. Bändchen der Reihe ‹Frühlicht. Wort und Bild für die junge Welt› mit dem Titel ‹Die Alten und die Jungen› (Verein für Verbreitung guter Schriften, Zürich, o. J. [1908]). Eine seiner typischen Motivwelten entfaltete Mangold auch in den Illustrationen von Niklaus Bolts Pfadfinder-Erzählung ‹Allzeit bereit› (Verlag J. F. Steinkopf, Stuttgart), deren Erstausgabe 1916 erschien und die bis 1929 vier weitere Auflagen erlebte. Stilistisch bezog sich Mangold hier auf impressionistische Tendenzen und Techniken. Punktierte und schraffierte Flächen bilden beeindruckend mannigfaltige Texturen, die den schwarz-weissen Bildern Atmosphäre und Vitalität verleihen. Bolt zählte zu den beliebtesten und meistgelesenen Jugendbuchautoren seiner Zeit, wodurch sich auch Mangolds Bilder weit verbreiteten.

202
203

204
205

206

141 Ein visueller Poet – Reklamekunst, Gebrauchsgrafik und Buchillustration

Gerade in Burkhard Mangolds Buchillustrationen und in vielen seiner freieren gebrauchsgrafischen Motive zeigt sich seine Hinwendung zu den bildkünstlerischen Techniken des Impressionismus und des Pointillismus. Diese Vorliebe hatte er bereits früh entdeckt, sie blieb zeit seines Lebens bestehen. Mangolds Fertigkeiten, die Bildfläche harmonisch und zugleich spannungsvoll zu ordnen und Farben gekonnt zu setzen, sind beachtlich. Er zelebriert das virtuose Spiel zwischen Vordergrund, Mitte und Hintergrund, das seinen Motiven räumliche Tiefe verleiht. Zugleich charakterisiert er alle Bildflächen grafisch auf besondere Weise: seien es Kleiderstoffe, ein Wald oder architektonische Elemente. Jede Binnenform erhält ihr eigenes Gepräge, eine Schraffur, ein Muster oder eine Textur. Einige Apologeten seines Werks meinten gar, seine Schraffur erkennen zu können: «Die Schraffur mit parallel verlaufenden Strichlagen – sie ist vielfach nachgeahmt worden, aber man kann Mangolds Schraffuren immer daran erkennen, dass sie von links oben nach rechts unten gehen, weil er mit der linken Hand zeichnet.»[85] Den physischen Widerstand beim Herausarbeiten der hölzernen Druckstöcke scheint Mangold virtuos zu meistern. Gerade in den Publikationen der 1920er-Jahre erweisen sich seine Illustrationen, verglichen mit den Werken der international bekannteren Zeitgenossen wie etwa des Österreichers Julius Klinger oder des Belgiers Frans Masereel, als ebenbürtig.

207 Illustration zu Christian Fürchtegott Gellerts Gedicht ‹Der grüne Esel›, 1920
208 Illustration aus Henry M. Stanleys 1949 erschienener Autobiografie ‹Mein Leben›

Vor dem Ersten Weltkrieg orientierte Mangold sich stilistisch an den zeitgleich erschienenen Arbeiten anderer Künstlerinnen und Künstler. Mit grosser Wahrscheinlichkeit haben auch die Abbildungen in den damals auflagenstarken Periodika nachhaltigen Einfluss auf ihn ausgeübt. Vor allem dürfte ihm aus seiner Münchner Zeit der 1890er-Jahre die dort erscheinende deutsche Satirezeitschrift ‹Simplicissimus› vertraut gewesen sein. In dieser publizierten nahezu alle prägenden Zeichner seiner Epoche. Auch die Buchkunst etwa von Heinrich Vogeler oder Marcus Behmer wird Mangold bereits früh in illustrierten Büchern begegnet sein.

Die Darstellung der menschlichen Figur ist Mangolds eigentliches Metier. Dabei fällt der narrative Charakter der Darstellungen auf. Der von ihm ausgewählte Moment ist bewusst gesetzt, um gleichzeitig über sich selbst hinauszuweisen und um in den Vorstellungen der Betrachtenden ganze Erzählungen anzustossen. Dabei erweist der Künstler sich als feiner und genauer Beobachter, dem es nicht an Witz und Ironie fehlt.

Burkhard Mangolds Bedeutung als Buchkünstler zeigte sich unter anderem an der Einladung – notabene als einziger Schweizer Vertreter – zur wegweisenden Internationalen Ausstellung für Buchgewerbe und Graphik ‹Bugra›, die 1914 in Leipzig stattfand und mehr als zwei Millionen Menschen anzog.

Aus dem Spätwerk des Grafikers ragt sein Werk ‹Das Buch Jesus Sirach und die Passion Jesu Christi› heraus. Das in kleiner Auflage in der 14-Punkt-Marathon im Bleidruck gefertigte und mit einfarbigen Holzschnitten illustrierte Buchkunstwerk umfasst einen der ausserkanonischen Texte des Alten Testaments, der mit 19 durchgehend quadratischen Bildern, die streng in den Satzspiegel eingestellt sind, illustriert wird. In der 1945 erschienenen, 631 Exemplare zählenden Jahresgabe für die Mitglieder der Schweizerischen Bibliophilen-Gesellschaft erweist sich Mangold nicht nur als begnadeter Meister der Holzschnitttechnik, sondern zugleich als ein in Bildern erzählender Künstler, der die literarische Vorlage in sich aufgenommen und in beeindruckende Sujets überführt hat. «Es ist nur natürlich, dass Burkhard Mangold sich immer weniger damit begnügte, vom alten Holzschnitt zu lernen, sondern immer häufiger selber zum Stichel und Geissfuss greift, um selber den ‹Druckstock› aus dem Holz herauszuschneiden, der sich in das Buch harmonisch einfügen soll. Die Holzschnitte zum Sirach dürfen deshalb wohl als eine Krönung seines Werkes als Illustrator gelten.»[86] Mit diesem opulent ausgestatteten Band, gedruckt von der Berner Handpresse in Burgdorf, rundet sich ein Lebenswerk ab, das im Bereich der Buchkunst nie unterschieden hat zwischen wohlfeilen und bibliophilen Ausgaben, zwischen eher freien und stärker auftragsbezogenen Arbeiten. Gerade durch sein immer freudvolles, zugleich aber auch unprätentiöses Herangehen an seine Bildschöpfungen hat Mangolds Buchkunst eine so grosse Verbreitung und Anerkennung gefunden.[87]

Bilder und Worte
Burkhard Mangolds Lebenswerk zeigt eine beständige künstlerisch-gestalterische Qualität und eine charismatische Erzählweise. Seine Mitteilsamkeit äussert sich immer auf mehreren Ebenen: Während die erzählten Geschichten zwischen Beiläufigem und Besonderem changieren, hat die originelle Bildidee für ihn immer zentrale Bedeutung. Eigenwillige Perspektiven und theatralische Inszenierungen, überraschende Aktionen der dargestellten Personen und die latent immer vorhandene ironische Komponente heben vor allem seine angewandten Arbeiten aus der Masse heraus und machen seine Handschrift in sehr vielen Fällen sofort erkennbar. Daneben nicht zu vergessen ist die weniger bekannte sprachliche Facette seines Schaffens: Das nahezu unüberschaubare visuelle Erbe wird begleitet von einer grossen Zahl an überwiegend kurzen Texten – oft gereimte Verse, viele davon auf Baseldytsch –, die das Erzählerische der Bilder in Worten kommentieren. Mitunter ist der formale Bezug zu den frühen Formen des modernen Comics im letzten Drittel des 19. Jahrhunderts frappant. Parallelen zum Schaffen von Wilhelm Busch, das Burkhard Mangold durch die damals bereits florierenden Buchausgaben von dessen Bildgeschichten bereits im Kindesalter vertraut war, dürften ihm selbst bewusst (und recht) gewesen sein. In späteren Jahren wird auch die komische Lyrik etwa von Christian Morgenstern oder Joachim Ringelnatz auf Mangolds Texte ‹abgefärbt› haben.

Marianne Wackernagel
Poetische Chiffren
Die Exlibris

«So du dieses buch gelesen, bring' es hin wo es gewesen sonst schlägt diese bauernfrau dir den rücken grün und blau.» In seinem Exlibris für Jakob Schäublin (1822–1901) bringt Burkhard Mangold auf den Punkt, wozu die kleinformatigen druckgrafischen Blätter dienen: Ins Buch geklebt, zeigen sie an, wem es gehört (lateinisch *ex libris*, aus den Büchern). Den eigenen Besitz kennzeichnen zu wollen, ist den Menschen häufig ein Bedürfnis, umso mehr, je umfangreicher und mobiler er ist. Erste vervielfältigte Exlibris und Sammlerstempel entstanden denn auch, als mit dem Buchdruck die Bibliotheken grösser wurden.[88]

Wie die Bücher selbst, verraten Exlibris manches über ihre Besitzerinnen und Besitzer – neben dem Namen auch Angaben zu Herkunft, Profession, Eigenarten und Vorlieben. Sie dienen der Selbstdarstellung: Die mit Verstand und Kunstsinn zusammengestellte Büchersammlung verlangt nach einem gestalterisch anspruchsvollen und hintergründigen Exlibris. So wurden die kleinen Kunstwerke begehrte Geschenke und Sammlerstücke, auch ohne Buch.

Um die Wende zum 20. Jahrhundert war die Begeisterung für die kleinen Grafiken besonders gross; wissenschaftliche Publikationen beschäftigten sich mit ihnen, Sammlungen wurden veröffentlicht und Vereine gegründet, so die ‹Ex Libris Society› in London (1890), der ‹Exlibris-Verein zu Berlin› (1891) und der ‹Ex Libris-Club Basilea› (1901). Auch in Basel gab es also Kreise, die an den Exlibris Gefallen fanden, vielleicht, weil sie einen praktischen Zweck erfüllten, sich gut mit dem bildungsbürgerlichen Heim verbanden, vielleicht, weil sie im kleinen Format künstlerisch-technische Präzision verlangten, vielleicht, weil deren Bildfindungen verstanden werden wollten – von besonderem Reiz war, wenn man die Adressaten kannte und ermessen konnte, mit welcher Raffinesse der gestaltende Künstler Bezüge zwischen der Person und ihrem Exlibris schuf.

Burkhard Mangold prägte den Basler Exlibris-Boom massgeblich, er entwarf beispielsweise für seinen Freund Emanuel Stickelberger (1884–1962), den Präsidenten des Clubs, mehrere Exlibris. Überhaupt lag Mangold diese Kunstform. Sie begleitete ihn über Jahrzehnte.[89] Im Folgenden sollen einige besonders schöne Exlibris vorgestellt werden.

209 Exlibris Jakob Schäublin, 1905, Zinkätzung (Lithografie auf Umdruckpapier, auf Zinkplatte übertragen), WV 1981, Nr. 72
210 Exlibris Emanuel Stickelberger, Holzschnitt, WV 1981, Nr. 80
211 Exlibris Hans Valär, vor 1916, Lithografie, WV 1981, Nr. 91
212 Exlibris Alexandre Bourcart, um 1905, Lithografie, fotografisch reproduziert, WV 1981, Nr. 11
213 Exlibris Hans Lichtenhahn, 1910, Lithografie, WV 1981, Nr. 45

Die Verbindung zwischen den Exlibris und ihren Besitzern erfolgt traditionellerweise oft über das Familienwappen. Auch Mangold verwendete manchmal einen Wappenschild im Bild, so etwa im Exlibris für Hans Valär (1871–1947): Hier hängt es an einem Lederriemen an einem Ast wie das Utensil eines Jägers. Sparsam und effektvoll setzte der Künstler die Farben ein: Blau für das Wappen, Braun für die Bäume und die Landschaft im Hintergrund mit der Kirche wohl von Davos Platz. Das Sonnenlicht, das zwischen den Stämmen auf den Waldboden fällt, verdankt sich der Aussparung – was hell leuchtet, ist die Farbe des Papiers.[90]

Ein ähnlich erhöhter Standpunkt kennzeichnet das Exlibris für Alexandre Bourcart (1856–1909). Hier gleitet der Blick an einem windzerzausten Bäumchen vorbei über eine schroffe Felsenküste zu einem Turm am Meer. Dramatisch heben sich zwei Raben gegen den Himmel ab, sie sind Wappentiere, wie das Wappen oben rechts zeigt. Mangold hat sie zusammen mit der Bourcart-Burg aus dem Wappen ‹befreit›. Von einer solchen Rückführung profitiert auch der Hahn im Exlibris für Hans Lichtenhahn (1875–1951). Er hat das Wappen ganz hinter sich gelassen, dafür muss er nun einen Reiter tragen, was ihm wenig zu behagen scheint.

147   Poetische Chiffren – Die Exlibris

214/215 Exlibris Ernst Sarasin, Entwurf und Lithografie, fotografisch reproduziert, WV 1981, Nr. 66
216 Exlibris Georg Sarasin, Lithografie, WV 1981, Nr. 67
217 Exlibris Samuel Heinrich Sarasin, Lithografie, WV 1981, Nr. 69
218 Exlibris Emanuel Stickelberger, 1915, Radierung, WV 1981, Nr. 79

Auf das Familienwappen beziehen sich auch drei Sarasin-Exlibris. Jenes für Ernst (1873–1933) zeigt zwischen zwei Standarten mit der Beschriftung ‹Ex Libris› und ‹Ernst Sarasin› einen ‹sarazenischen› Krieger, das Wappen steht vor ihm wie eine Brustwehr. Dahinter hat Mangold den orientalischen Krummsäbel verborgen, der im Entwurf noch bedrohlich zu sehen war. Das gebauschte Segel und die Sterne aus dem Wappen sind in den Exlibris für Georg (1899–1979) und Heinrich (1886–1964) ‹real› geworden: Ein Orientale mit Turban steht am Ruder von Georgs Einmaster, dessen Bug Merkur mit geflügeltem Helm und Schlangenstab ziert – der Gott des Handels als Galionsfigur passt bestens zu einer Kaufmannsfamilie. Heinrichs Schiff dagegen erinnert mit seinem spitzen Bug an phönizische Schiffe, an Deck sitzt eine orientalisch gewandete Frau, die traumverloren dem Horizont entgegenblickt. Ob die beiden Varianten, die sich in der Stimmung so deutlich unterscheiden, auf den Charakter der Adressaten abgestimmt waren?

Gebannt blickt ein kleiner Junge in sein weit geöffnetes Buch. Das Bild einer Kanone hat es ihm so angetan, dass er danach greifen zu wollen scheint; die Puppe dagegen sitzt unbeachtet in der Ecke. Kein Wunder, begeistert er sich für das wenig kindgerechte Motiv, gehört er doch zur Familie der Stickelberger, die eine Kanone im Wappen führen (vgl. Abb. 210). Die bisher vorgestellten Exlibris waren alle für Männer bestimmt. Die auf 1915 datierte Radierung ist jedoch nicht das einzige Exlibris, das Mangold für ein Kind entworfen hat, Emanuel in seinem Röckchen war aber wohl der Jüngste.

219	Exlibris Mathilde Wackernagel, 1906 (Jahr der Heirat), Lithografie, WV 1981, Nr. 95
220	Exlibris Anna Bühler, 1915, Lithografie, WV 1981, Nr. 12
221–223	Exlibris Anne Marie Chappuis-Koechlin, um 1922 (Jahr der Heirat), Entwürfe und Lithografie, WV 1981, Nr. 15
224/225	Exlibris Emmy Jacobi, Entwurf und Holzschnitt, WV 1981, Nr. 37

Mangold schuf beinahe genauso viele Exlibris für Frauen wie für Männer; daneben gestaltete er auch Exlibris für Paare und für Institutionen. Bei den Exlibris für Frauen spielen Wappen eine untergeordnete Rolle, mit ihnen bringt er öfter Blumen und Gärten in Verbindung, wie die Exlibris für Mathilde Wackernagel (1882–1969) und Anna Bühler zeigen. In Letzterem führt ein Weg zu einem Rundtempel auf einem Hügel. Neben diesen heiteren, zuversichtlich wirkenden Bildern, die für junge Frauen zu Beginn ihres Lebenswegs gemacht scheinen, finden sich auch solche mit dunkleren Schattierungen.

221
222
223

224
225

Im Entwurf für das Exlibris für Anne-Marie Koechlin (1899–1975) erkennen wir einen ähnlichen Aussichtspavillon wie im Exlibris für Anna Bühler, nun aber muss sich ein gebeugter Wanderer den Weg durchs Dickicht erst bahnen. In einem weiteren Entwurf und im ausgeführten Exlibris – adressiert an die inzwischen verheiratete Anne-Marie Chappuis – versperren hochragende Bäume die Sicht; die Helligkeit in der Bildmitte deutet jedoch den Ausweg an.

Sich in einer widerständigen Welt zurechtzufinden, darum geht es auch im Exlibris für Emmy Jacobi. Schützend hält eine Frau, an deren Rock der Wind zerrt, die Hand vor die Kerze, die Orientierung bieten soll in der Gewitternacht. Expressiv durchziehen parallele Linien das elliptische Bildfeld, auch die Standfläche ist gerundet, als ob die Frau auf einer Kugel balancierte. Assoziationen an Darstellungen der Fortuna oder einer klugen Jungfrau klingen an und unterstreichen die existenzielle Dringlichkeit des Bildmotivs.[91]

Offensichtlich hatte der Maschineningenieur Jakob Sulzer-Imhoof (1855–1922) seinen Weg bereits gefunden, als Mangold ein Exlibris für ihn schuf. Es zeigt einen beladenen Raddampfer mit qualmendem Schlot im oberen, einen angeketteten Galeerensklaven im unteren Teil. Fortschritt dank Technologiewandel – der Rauch ist in Kauf zu nehmen, wenn er menschenunwürdige Arbeit überflüssig macht, scheint hier mit ausgedrückt zu sein. An der Weiterentwicklung des Schiffsantriebs war Sulzer-Imhoof selbst beteiligt; die Firma Gebr. Sulzer in Winterthur baute 1904 den ersten Schiffsdieselmotor der Welt, der die kohlebetriebenen Dampfmaschinen ablöste.[92]

Der Kopf einer Sphinx ragt aus dem Wüstensand, im Vordergrund schreibt ein bärtiger Gelehrter in eine über die Knie ausgebreitete Buchrolle – auch diese romantische Szene spielt auf den Beruf des Adressaten von Mangolds Exlibris an. Der Bandfabrikant Wilhelm Sarasin (1882–1950) war Orientalist, seine Antrittsvorlesung als Privatdozent an der Universität Basel hielt er über ‹Die Reisen im mittelalterlichen Orient›.[93]

226   Exlibris Jakob Sulzer-Imhoof, 1910, Lithografie, WV 1981, Nr. 83
227   Exlibris Wilhelm Sarasin, Lithografie, um 1903, WV 1981, Nr. 70
228/229   Exlibris Marguerite Anklin, vor 1916, Entwurf und Lithografie, fotografisch reproduziert, WV 1981, Nr. 1
230   Exlibris der Bibliothek des Basler Kunstvereins, Lithografie, WV 1981, Nr. 4

Der Entwurf für das Exlibris für die Musikerin Marguerite Anklin (1878–1916) zeigt eine junge Harfenistin im Gras sitzend.[94] Wir sehen sie halb von hinten, sie hat sich einem Vögelchen zugewandt – eine idyllische Szene, die das Musizieren in und mit der Natur zum Gegenstand hat. Auch im ausgeführten Exlibris dominiert die Harfe, doch nun greift David in die Saiten, um den niedergeschlagenen König Saul aufzumuntern.[95] Die Szene ist in ein prächtiges Jugendstilinterieur verlegt, der Akzent der Darstellung liegt nun auf der heilenden Wirkung von Musik.

Bücher sind für Exlibris naheliegende Motive, die Variationen, die Burkhard Mangold dem Thema abgewonnen hat, zeigen dabei eine überraschende Vielfalt. Im Exlibris für die Bibliothek des Basler Kunstvereins ist ein athletischer Mann im Lendentuch zu sehen, der im Begriff ist, einen riesigen Bibliotheksband zu markieren. Kraftvoll hebt er den Prägestempel. Die Verschiebung der Grössenverhältnisse wirkt wie ein ironisches Augenzwinkern – gilt es vielleicht der Barbarei des verletzenden Stempelns, gegen das die kunstvollen, sorgfältig eingeklebten Exlibris antreten?

153 Poetische Chiffren – Die Exlibris

231	Exlibris Theodor Burckhardt-Sarasin, 1916, Lithografie, WV 1981, Nr. 14
232	Exlibris Carla Wassermann-Roeschlein, 1925, Lithografie, WV 1981, Nr. 96
233	Exlibris Martha Ullmann, 1920, Lithografie, WV 1981, Nr. 89
234	Exlibris Katharina Mangold, Lithografie, vor 1915, WV 1981, Nr. 53
235	Exlibris John Tollmann, Lithografie, WV 1981, Nr. 88
236	Exlibris Mathias Thommen, 1930, Holzschnitt, WV 1981, Nr. 87

Bücher wollen gelesen werden – sie liegen auf der Fensterbank oder auf dem Tisch bereit. Die Lektüre gleicht einer aufgehenden Saat, sie treibt Früchte und lädt zu Reisen ins offene Meer – sofern nicht ein freches Huhn die Samen wegpickt.

235
236

Für diesen Einblick in Burkhard Mangolds Exlibris aus gut vierzig Jahren sind wir von den Adressaten und den Motiven ausgegangen, dabei ist uns aber auch eine technische und stilistische Fülle begegnet: Mangold verwendete Hoch-, Tief- und Flachdruckverfahren, wobei er die Eigenheiten jeder Technik gekonnt einsetzte, sei es das Spleissig-Expressive des Holzschnitts (Abb. 210, 225), das etwas Altmeisterliche der Radierung (Abb. 218), die plakative Flächigkeit oder das Körnig-Weiche der Lithografie (Abb. 211, 226 bzw. 216, 232).[96] Oft vertraute er auf die Klarheit und die Kraft des Schwarz-Weissen, und wenn er Farbe benutzte, dann meist als Akzent, als unmodulierten Flächenton (Abb. 212, 213). Auch stilistisch spannte er einen weiten Bogen: Neben Elementen des Historismus und des Jugendstils (Abb. 214, 215, 219, 220, 228, 231) sowie des Art déco (Abb. 226, 229) lassen sich Anklänge an den Expressionismus erkennen (Abb. 210, 224, 225), oder es zeigen sich Reminiszenzen an die Formensprachen des Kubismus (Abb. 223, 232) oder der Neuen Sachlichkeit (Abb. 232).

Unabhängig davon, ob er seine Exlibris als Geschenke für Freunde und Verwandte schuf oder als Auftragswerke, Burkhard Mangold wählte Technik, Motiv und Stil immer so, wie es ihm für die Besitzerin oder den Besitzer passend erschien.

Katharina Steffen-Mangold

Vom Grossvater begleitet

Ich sass noch im Kinderstühlchen, als mein Grossvater starb. Darum habe ich leider keine eigenen Erinnerungen an ihn. In unserer Familie kursierten jedoch so manche Sprüche aus seinem Mund. Neben den Bildern von ihm an den Wänden gibt es auch einige Gegenstände, die zu mir gekommen sind und die ich bis heute gebrauche.

Vom Grossvater begleitet

Eines von vielen Erinnerungsstücken ist diese bauchige Blumenvase mit dem witzigen Sujet zum Thema Eitelkeit. Eine wunderschöne Frau richtet sich die Haare mit Blumen und betrachtet sich im Spiegel – und der Affe daneben findet sich ebenfalls sehr attraktiv!

Freude bereitet mir jedes Mal auch die Kuchenplatte mit dem Schriftzug: «Was Grosses und Scheens entstoht – ai Kriegssturm zemmeschloht. Ai Wetternacht – und uus ischs mit dr Bluemepracht.» Das Herzstück jedes Weihnachtsfestes bildeten die laubgesägten Krippenfiguren, mit denen wir als Kinder – und meine Kinder auch – spielen durften. Diese mir lieb gewordene Tradition wird heute von meinen Enkeln fortgesetzt.

237   Mangold malte seine Enkeltochter ‹Kathrinli› im Sommer 1949
238/239   Detailansichten einer von Mangold bemalten Keramikvase, undatiert
240   ‹Blumenvase›, Farbstiftzeichnung, undatiert
241   Bemalte Kuchenplatte, undatiert
242   Klavier Burger & Jacoby, ca. 1910, und darüber Familienbild, 1919
243   Basler Helge Nr. 2: ‹Dr Seiplatz› (Barfüsserplatz), undatiert (um 1910/1915)

Dass ich Musikerin geworden bin, daran hat auch das wunderschöne, nach Grossvaters Entwurf gebaute, mahagonifarbene Klavier mit eingelegten Messingplättchen einen grossen Anteil. Es stand einst in unserer ‹Visitenstube› und ist bis heute mein geliebtes Zweitinstrument.

    An Regensonntagen durften wir oft im Keller mit unserem Vater ‹mäppelen›, das hiess entdecken, was in Grossvaters grossen Kartonmappen an Aquarellen und Zeichnungen zu finden war. Mit schwarzen Händen tauchten wir danach wieder auf. Schon damals wagte ich, meinen Vater zu überreden, mir die Blätter zu überlassen, die mir besonders gefielen.

Meine Eltern pflegten als kleine Mitbringsel ‹Basler Helgen›, grosse Bogen mit Holzschnitten oder Leporellos, zu verschenken. Wenn ich sie nach dem Original kolorierte, erhielt ich jeweils 50 Rappen. Die dazugehörigen Verse von Grossvater könnte ich aus tiefem Schlaf geweckt sofort rezitieren.

Vom Grossvater begleitet

Ist das der typische Basler Humor? Ich liebe dieses Buffet – es verblüfft mich immer wieder von Neuem. Dem Kästchen auf Augenhöhe ist mit der Aufschrift «Unser täglich Brot gib uns heute» seine Verwendung vorbestimmt. Doch der Text auf den unteren Türen des Möbels ist im Vergleich dazu fast schockierend, aber im schönsten Jugendstil gemalt: «Denn der Grosse frisst den Kleinen [Frosch – Schmetterling] und der Grössere frisst den Grossen [Pfau – Frosch]» Oben bittet man fromm ums Brot, unten waltet die Natur – es wird gefressen!

Eine liebenswerte Hommage an seine Frau Katharina bildet auf der Hinterwand die Darstellung ihres Heimatdorfes Remlingen. Die Malerei nimmt wunderschön die Holzmaserung auf.

Der Bilder, die bei mir zu Hause hängen, bin ich nie überdrüssig geworden. Sie begleiten mich seit jeher durch alle Lebensphasen. Unbewusst ist vielleicht auch meine Vorliebe für Violett- und Mauve-Töne vom Grossvater auf mich übergegangen (s. Abb. 137).

244 Krippenfiguren, undatiert
245/246 Ein von Mangold entworfenes und dekoriertes Buffet mit einem Detail, um 1902
247 Mangolds Neujahrskarte für das Jahr 1913 zeigt das Leben als Achterbahnfahrt
248 Neujahrskarte für 1912
249 Illustrierte Lebensweisheit aus der Zeit um 1920

Aber nicht nur seine Malereien und Zeichnungen, sondern auch seine geschriebenen Wörter haben sich mir eingeprägt, allen voran Neujahrswünsche und Lebensweisheiten.

Mein Grossvater war einer unter den vielen Künstlern in der ersten Hälfte des 20. Jahrhunderts. Er hat in der Verbundenheit mit der Stadt Basel seinen Lebensinhalt gefunden, und er war ein grossartiger Familienvater. Auch deshalb verfolgte er keine spektakuläre Avantgarde-Entwicklung in der Malerei. Während seines Aufenthalts in Paris hatte er sich für die Impressionisten und die ornamentale Malerei begeistert, später aber fehlte ihm die Zeit, sich mit den neueren Entwicklungen in der Malerei auseinanderzusetzen. Obwohl immer auf der Suche, blieb er seinem Stil treu. Er war ein Solitär, und ich wünschte mir, dass er als solcher wieder mehr ins Basler Kulturbewusstsein rücken könnte.

161 Vom Grossvater begleitet

Stimmen zu Burkhard Mangold

Stimmen zu Burkhard Mangold

«Bei der Durchsicht der Bilder fällt die Mannigfaltigkeit der Komposition und der Behandlung auf. Das ist weniger auf einen Mangel an ausgeprägter Individualität zurückzuführen, als auf Mangolds Bestreben, für jede neue Aufgabe eine ihr angemessene Form zu finden. [...] Der Humor spielt im Plakatwesen eine erfreuliche Rolle. Auch Mangold ist ihm nicht abhold; oft liegt in seinen Arbeiten ein vergnügtes und schelmisches Lächeln. (Ein richtiger Basler lacht nie laut.) [...] Die lithographische Anstalt Wolfensberger in Zürich hat die meisten Arbeiten Mangolds ausgeführt. Sie muss darum erwähnt werden, weil sie eine der wenigen Anstalten ist, aus deren Pressen nur Qualitätsarbeiten hervorgegangen sind. Für die schweizerische Gebrauchsgraphik bedeutet sie heute einen Faktor, den man nicht zu niedrig anschlagen darf. Ihr Umzug ins neue Heim ist von Mangold in reizvoller Weise symbolisiert worden, wie die farbige Beilage zeigt.»

251 ‹Der Wolf zieht um – ah!›, Plakat zum Umzug der Druckerei J. E. Wolfensberger, Zürich, 1911

Rudolf Bernoulli: Burkhard Mangold. In: Mitteilungen des Vereins der Plakatfreunde. Nr. 4, Jg. 2, [Berlin] 1911, S. 99–102, hier: S. 101 f.

«Eine Sonderstellung im schweizerischen Plakatwesen nimmt Burkhard Mangold in Basel ein. Auch hier ein merkwürdiges Abfärben des Milieus; für einen Kulturgeschichtstheoretiker willkommener Stoff. Der Basler Charakter im Gegensatz zum bernischen: schwächer, unbestimmter, aber feiner und kultivierter, ausserordentlich musikalisch, starken Gegensätzen abhold, Rokoko in moderner Fassung. Dem entspricht Mangolds Reklamekunst; das Vorherrschen eines silbergrauen Gesamttons, die harmonisch abgestuften Farben, die durchgearbeitete Zeichnung, die irgendwie historisch anmutende Schrift; trotz der Grösse keine laute Kunst. Aber die Werbekraft beruht nicht immer auf der brutalen Wirkung; Mangold zeigt, dass die Erregung freundlicher Gefühle sehr viel mehr geneigt macht, dem Gegenstand der Reklame näherzutreten.»

Werbeplakat für PKZ (Paul Kehl Zürich), 1913

Rudolf Bernoulli: Neue Schweizer Plakate. In: Das Plakat. Zeitschrift des Vereins der Plakatfreunde e.V., Heft 11, Jg. 11, [Berlin] 1920, S. 495–504, hier: S. 499 ff.

«Sein Werk als Maler hat das Kunstmuseum gewürdigt. Das Gewerbemuseum zeigt den Wegbereiter der Gebrauchs- und Werbegraphik. Ab 1896 folgen in ununterbrochener Reihe Plakate und Kleingraphiken. Seine frühen Werke entstanden im Geiste des Historismus und des Jugendstils. Das erste Firmensignet für das Haus Wassermann – es dient uns heute als Motiv für das Ausstellungsplakat – verkörpert Jugendstil in bester Form.

Burkhard Mangold war in der Folge wieder völlig frei vom Zwange irgendwelcher Richtung. Seine Ausdrucksform wandelt sich laufend, dies wird dem Besucher bewusster, wenn er in dieser Ausstellung die Arbeiten der verschiedenen Jahrzehnte vergleicht. Neben Plakaten und Kleingraphik pflegte er Wandbild, Sgraffito und Glasmalerei. Viele dieser Arbeiten entstanden im Auftrag der Wirtschaft, deren Probleme ihm einmalig vertraut waren. So ist durchaus verständlich, dass er das Plakat der ersten Schweizer Mustermesse (1917) schuf. Es war die Zeit der direkten Kontakte zwischen Auftraggeber, Graphiker und Drucker. Der Künstler war gleichzeitig auch Werbepsycholog, dies zu einer Zeit ohne Werbeberater und -agenturen im heutigen Sinne. Die damaligen Graphiker schlugen im Alleingang die Brücken vom Produzenten zum Konsumenten. Viel von dieser fruchtbaren Ursprünglichkeit ist heute in der Anonymität kommerzialisierter und rationalisierter Werbung untergegangen.»

253 Wandkalender für die Graphische Anstalt
W. Wassermann, Basel, 1925

Gewerbemuseum Basel, Direktion: Zum hundertsten Geburtstag – Burkhard Mangold (1873–1950) – ein Wegbereiter der Gebrauchs- und Werbegraphik. Typoskript, 22. März 1974, Nachlass Burkhard Mangold

Was ka das fir e-n Ufflauf sy?
Dr. Ritter Georg weiht me-n-y!
Die meischte dien sich driber fraie
Drum-umme blieht e Maitle-Maje.
Und no-n-e wytteri Verzierig,
Bilde d'Kinschtler u. d'Regierig.

1925

Telephon: Safran 2169

Graphische Anstalt W. Wassermann Basel

Leonhardstrasse N° 5

254

«Wie kaum einer seiner Zeitgenossen perfektionierte Burkhard Mangold die Technik der Bildsprache im Reklameplakat. Er hat mit seinem Beitrag die Geschichte des Künstlerplakats im ersten Viertel des 20. Jahrhunderts entscheidend mitgestaltet.»

254/255 Plakatentwürfe für die Sommerterrasse des Stadtcasinos, um 1923/24

Thomas Bolt: Das Plakat in der Schweiz, 1990

«Mangolds Bedeutung für die Glasmalerei seiner Zeit ist nicht zu unterschätzen. Ihm gelang ‹ein grundlegender Schritt von der nazarenischen Art Deschwandens (Basler Münster) zu moderner Aufrichtigkeit im Inhalt und formal zu Flächenbezogenheit›. In diesem Sinne war er der Wegbereiter für die Glasmalerei in Basel und für ihre wichtigsten Exponenten Hans Stocker, Otto Staiger und Albert Müller. [...] Von den Prinzipien mittelalterlicher musivischer Glasmalerei ausgehend, fand Mangold zu einer neuen und eigenen Ausdrucksweise: klar gefügte Flächen und eine ebenso klare, kräftige, eher kühle Farbigkeit. In den Anfängen, 1907–1910, vom Jugendstil beeinflusst, fällt eine weichere Linienführung mittels Bleiruten und Schwarzlotzeichnung auf. Später, in den 20er und 30er Jahren, wird die Linienführung strenger und entwickelt sich in den 30er Jahren zu einem vielteiligen, rhythmischen Bildgefüge hin, d.h., die einzelnen Glasteile werden geometrisch strenger gefasst, die Farben werden zurückhaltender und blasser.»

256–261 Sechsteiliger Glasmalereizyklus mit Szenen des Vogel Gryff, um 1910/1915

Anne Nagel / Hortensia von Roda: Burkhard Mangold, in: ‹... der Augenlust und dem Gemüthh›. Die Glasmalerei in Basel 1830–1930. Basel 1998, S. 213–248, hier: S. 213 f.

Am Martisdurm duets zwelfi schloh
Es drummlet, lueg, sie kemme scho!

Heersch wie sie uff em Rhy scho schiesse
Jetz dien sie dr wild Ma bigriesse.

Der Vogel Gryff voll Eliganz
Danzt jetz sy altherbrochte Danz.

Im Ueli gänn Kinder Mäner Wyber
Hosegnepf, Santim und fimf lyber.

Dr wild Ma schpritzt sie rysse-n-uus
Druff goht dr Zug ins Waisehuus.

Am Gryffemehli schmeckts aim guet
Und ebbe-n-ain het Eel am Huet.

«Bereits mit seinen frühen Plakatentwürfen bis 1920 gelingt Mangold eine unmittelbare, auf grosse Distanz funktionierende Wirkung. Seine Werke zeichnen sich durch Stilmerkmale aus, die zum Teil als Vorläufer des später international bekannten ‹Swiss Style› angesehen werden können: Vereinfachung, Stilisierung und Monumentalisierung der Form, Flächigkeit sowie eine gekonnte Verbindung von Schrift und Bild. Besonders eindrücklich kommt die für Mangolds Werk typische Kombination von zeichnerischem Können, Formabstraktion und plakativer Schriftgestaltung in seinen Plakaten für den Wintersportort Davos zur Geltung. Doch Burkhard Mangold setzt nicht nur als wichtiger Vertreter des Künstlerplakats stilbildende gestalterische Akzente. Er leistet einen ebenso bedeutenden Beitrag, um die Zeichnungsschule des 19. Jahrhunderts in die Moderne des 20. Jahrhunderts zu führen.»

262 Werbeplakat für eine Ausstellung des Zürcher Kunstsalons Wolfsberg, der im Mai 1913 Werke von Burkhard Mangold und Walther Klemm zeigte

Dorothea Hoffmann: Die Plakatkunst von Burkhard Mangold. In: Die Geburt eines Stils. Der Einfluss des Basler Ausbildungsmodells auf die Schweizer Grafik. Zürich 2016, S. 123–134, hier: S. 123 f.

«In meiner Ausbildung zum Schriftenmaler, in den 1950er-Jahren, machte uns Remi Nüesch, Grafiker und Fachlehrer an der Gewerbeschule St. Gallen, mit den frühen Wegbereitern der Schweizer Plakatgrafik bekannt, wie unter anderen mit den Kunstmalern und Lithografen Emil Cardinaux, Burkhard Mangold und Otto Baumberger. Für mich waren die beiden Plakate ‹Zermatt mit dem Matterhorn› von Cardinaux (1908) und ‹Winter in Davos› von Mangold (1914) damals besonders beeindruckend.

Später, in meiner Weiterbildung zum Grafiker in Basel, lernte ich die historische Bedeutung dieser Künstler, Maler und Lithografen für die nachfolgende gestalterische Entwicklung der Schweizer Plakatkunst anhand von originalen Plakatbeispielen der Basler Plakatsammlung noch eindrücklicher kennen.»

263   Werbeplakat ‹Winter in Davos› für den Fremdenverkehrsverein Davos, 1914

Christian Mengelt, Grafiker und Schriftgestalter, 2022

«Als ich in meiner Jugend für meine berufliche Ausbildung in Basel weilte, begegnete ich irgendwann Bildern oder Illustrationen von Burkhard Mangold. Welche Bilder es waren und wo, weiss ich nicht mehr. Sie fielen mir sogleich auf und machten mir grossen Eindruck. Erst danach erfuhr ich den Namen des Künstlers. Kann man aus sehr grosser zeitlicher Distanz ein intensives früheres Erlebnis wiederbeleben? Man kann es versuchen: Es war eine Reihe figurativer Darstellungen in eher dunkler Farbigkeit. Mich beeindruckten die markante Umsetzung der Figuren, die gekonnte Darstellung der Körperbewegungen sowie ein ausgeprägter Rhythmus in den Kompositionen dieser Bilder. Obwohl ich wusste, dass es zeitgenössische Bilder waren, erinnerten sie mich auch an Bilder früherer Epochen, z.B. an Holzschnitte.

Während meiner Ausbildung lernte ich dann andere Werke von B.M., insbesondere seine Plakate, kennen und bewundern. Überall stiess ich dabei wieder auf jene besonderen Merkmale, die sich mir spontan eingeprägt hatten. Wie schon erwähnt, verraten seine figürlichen Darstellungen eine virtuose Beherrschung der Anatomie, auch bei starker Verkürzung von Figuren, auch bei Figuren in Bewegung. Diese virtuosen Darstellungen von Körpern erzeugen eine starke räumliche Wirkung. Auch sonst beherrschte B.M. dramatische Raumdarstellungen und ihre suggestive Anwendung in den Plakaten virtuos, er muss ein hervorragender Zeichner gewesen sein.

An seinen Plakaten ist abzulesen, dass B.M. die Lithografie meisterhaft beherrschte. Bei diesem Verfahren verlangt es die Ökonomie, dass schon im Entwurf die Beschränkung auf wenige Druckgänge zu berücksichtigen ist (1 Druckgang = 1 Farbe). Auf den Plakaten von B.M. sieht man, wie erfinderisch er diese Einschränkungen ausgenützt hat, um im Druck mit wenigen Farben sowohl starke Kontraste als auch subtilste Farbklänge zu erzeugen. Verblüffend ist dabei, dass durch die technisch bedingte Einschränkung der Druckfarben die Bildwirkung seiner Plakate nicht etwa geschwächt, sondern gesteigert, intensiviert wird; die Beschränkung der Mittel bewirkt eine Konzentration der Bildaussage. Ein weiteres charakteristisches Gestaltungselement ist die reiche malerische Texturierung der Farbflächen, Erinnerungen an den Ursprung der Plakatkunst, die Malerei. Die meisterlichen Plakate von B.M. sind ein eindrücklicher Beitrag zur wunderbaren Epoche der künstlerischen Lithografie-Plakate.»

264 Plakat zum V. Kantonalschützenfest beider Basel, 1911

Moritz Zwimpfer, Grafiker und Gestalter, 2022

«Als Schüler und angehende Grafiker hat uns Andreas His bei einem Rundgang durch die Sammlung im Gewerbemuseum Basel für die Plakate von Burkhard Mangold begeistert und uns ermöglicht, seine lithografischen Arbeiten aus der Nähe und im Detail zu betrachten mit der Erkenntnis, dass man damals zeichnen können musste. So ist Burkhard Mangold in unsere Welt gekommen.

Das zeichnerische Handwerk war bei Burkhard Mangold das eigentliche Mittel zur Darstellung eines Produktes, einer Szene oder Handlung. Das Geschriebene vervollständigte mit den gezeichneten Lettern die bildliche Aussage in einer stilistischen Einheit und wurde immer wieder in der Gestaltung spielerisch in Szene gesetzt zum stimmungsvollen Ganzen. Die begleitende Schrift mit angepasster Lesbarkeit des Bildes stand hauptsächlich darunter oder daneben, aber nicht im Bild. Dieses Verfahren führte mit dem Aufkommen der Moderne und ihren abstrahierenden Formen zu einem neuen Zusammenspiel mit der Typografie. Das Zeichnerische geriet dadurch ins Hintertreffen und wurde oft konzeptlos in die Sparte Illustration verdrängt.

Unsere Generation, Schüler an der Gewerbeschule Basel der 1950er- und 1960er-Jahre, hatte das Glück, noch beide Sphären miteinander zu verbinden. Das Zeichnen war essenzieller Teil des Studiums dank unseren damaligen Lehrern wie Theo Eble, Gustav Stettler, Fritz Ryser, Lenz Klotz, und vielleicht allen voran Walter Bodmer.

Das Zeichnen lehrt uns das Beobachten, die Proportionen und den Ausdruck, um in eine kommunikative Sprache umgesetzt zu werden, eine gute Voraussetzung zu weiterem Erforschen formeller Ausdrucksformen mit oder ohne Computer.

Von Burkhard Mangold über Niklaus Stoecklin bis zu unserem damaligen Lehrer Donald Brun fühlen wir uns als ehemalige Schüler der Grafikklassen mit diesen Persönlichkeiten verbunden. Weit über Nostalgie oder reines historisches Interesse hinaus gibt uns Burkhard Mangold auch heute noch Einblick, vielleicht Anstoss zu neuen formalen Experimenten, die uns – so hoffen wir – wie ihm in vollendeter Ausführung gelingen mögen.»

265 Plakat für das IX. Baselstädtische Kantonalturnfest, 1911

Rudi Meyer, Schüler von 1958 bis 1963 an der Allgemeinen Gewerbeschule Basel (AGS), seit 1980 Schule für Gestaltung Basel (SfG), 2022

Anhang

266 Selbstbildnis auf der Einladungskarte zu einer
Mangold-Einzelausstellung der Gesellschaft
Schweizerischer Maler, Bildhauer und
Architekten (GSMBA) in Basel, um 1930

MÜNSTERBERG
15. MÄRZ – 15. APRIL

AUSSTELLUNG VON
ZEICHNUNGEN
UND AQUARELLEN

BURKH. MANGOLD
AUSSTELLUNGSLOCAL
DER G.S.M.B.A.

GEÖFFNET VON
10-12 – 15-19h.

EINTRITT FREI

Anmerkungen

1. Rudolf Bernoulli: Burkhard Mangold. In: Mitteilungen des Vereins der Plakatfreunde. Nr. 4, Jg. 2, [Berlin] 1911, S. 99–102.
2. Ebd., S. 101.
3. Zit. nach Andrea Vokner: Burkhard Mangold – Rheinbilder. Basel 2003, S. 27.
4. o. V.: Basel vor fünfzig Jahren. In: Basler Nachrichten. Nr. 7, 5.1.1950. Hier & dort. Chronik 1900–1999. Eine Ausstellung über Basel im 20. Jahrhundert. Ausstellungskatalog Güterhalle Bahnhof St. Johann, 26. Mai bis 20. Oktober 2011, Basel 2011.
5. Vortrag mit Hebel-Zitat (so zitiert von Burkhard Mangold): Typoskript. Staatsarchiv Basel-Stadt (StABS) PA 1061a B (1).
6. Fritz Mangold: Industrie und Wirtschaft in den Kantonen Basel-Stadt und Basel-Land. Genf/Basel 1936, S. 251.
7. Matthias Wiesmann: Bier und wir: Geschichte der Brauereien und des Bierkonsums in der Schweiz, Baden 2011, S. 51.
8. Protokoll Verwaltungsrat. Schweizerisches Wirtschaftsarchiv (SWA) HS 248.
9. Vgl. ebd.
10. Burkhard Mangold: BM – Erinnerungen bis 1945. Unveröffentlichtes Manuskript, o. S. Künstlernachlass, Basel. Nachfolgende Informationen nach: Robert Labhardt: Krieg und Krise. Basel 1914–1918. Basel 2014, S. 238 ff.
11. Burkhard Mangold: BM – Erinnerungen bis 1945. Unveröffentlichtes Manuskript, o. S. Künstlernachlass, Basel.
12. Georgine Oeri: Hans Frei, Burkhard Mangold, Eugen Ammann. In: Das Werk. Kunst und Architektur. Jg. 30, 1943, Heft 10, S. X.
13. Seine Plakate entstanden zur Zollinitiative 1923, zu den Bürgerratswahlen 1930 und zur Einkommenssteuer 1930.
14. Paul Roth: Die Basler Casino-Gesellschaft. In: Basler Stadtbuch 1961, S. 158.
15. Reto Caluori: Quodlibet Basel. In: Andreas Kotte (Hg.): Theaterlexikon der Schweiz, Zürich 2005, Bd. 2, S. 1450.
16. Zeitschrift ‹Quodlibet›, Februar 1938, Nr. 2, 27. Jg., S. 1. StABS PA 812a M.
17. Quodlibet. Protokolle der Vorstandssitzungen (1936–1995) und Zeitschrift ‹Quodlibet› (1911–1954). StABS PA 812a D2.
18. Bernoulli (Burkhard Mangold), S. 99, s. oben, Anm. 1.
19. Burkhard Mangold: Mer wän vom alte und neye Basel rede. Entwurf und Typoskript. StABS: Burkhard Mangold, Vorträge, 1930 (ca.) – 1950 (ca.) PA 1061a B (1).
20. Vokner (Burkhard Mangold – Rheinbilder), s. oben, Anm. 3.
21. Akte Hammerstrasse 1804–1938. StABS Bau P 36.
22. Vgl. dazu Mario König: Bruchstellen – Umweltkrisen und Imageschäden. In: Georg Kreis / Beat von Wartburg (Hg.): Chemie und Pharma in Basel. Bd. 1: Besichtigung einer Weltindustrie 1859 bis 2016, Basel 2016, S. 237 f.
23. Bernard Degen: Von der Internationalen Arbeitervereinigung bis zur Unia. Die Arbeiterschaft der Basler Chemie und ihre gewerkschaftliche Organisation. In: Georg Kreis / Beat von Wartburg (Hg.): Chemie und Pharma in Basel. Bd. 2: Wechselwirkungen einer Beziehung – Aspekte und Materialien, Basel 2016, S. 236–246. Mario König: Werkfotografie. Arbeiter und Angestellte im fotografischen Blick. In: ebd., S. 247–275. Walter Dettwiler u. a.: Von Basel in die Welt. Die Entwicklung von Geigy, Ciba und Sandoz zu Novartis. Zürich 2013, S. 51, 65.
24. o. V.: Einige Schutzmassnahmen gegen gewerbliche Brand- und Explosionsgefahren. In: Der Textilarbeiter. Nr. 28, 13.7.1917, S. 111.
25. Mathilde von Orelli: Lebensformen der Arbeiterfamilie, 18. September 1931. In: Isabel Koellreuter / Franziska Schürch: Heiner Koechlin 1918–1996 – Porträt eines Basler Anarchisten. Basel 2013, S. 21. Paul Hugger: Kleinhüningen. Von der Dorfidylle zum Alltag eines Basler Industriequartiers. Basel 1984.
26. Anne Nagel / Hortensia von Roda: ‹… der Augenlust und dem Gemüth›. Die Glasmalerei in Basel 1830–1930. Basel 1998, S. 141, Abb. 100.
27. Der vorliegende Buchbeitrag ist eine überarbeitete Version von Andrea Vokner: Künstlervita. In: Vokner (Burkhard Mangold – Rheinbilder), S. 14–28, s. oben, Anm. 3.
28. Zum Beispiel: Das Schweizer Plakat 1900–1984. Gewerbemuseum Basel, Basel 1984. Das Plakat in der Schweiz. Schaffhausen 1990. Dorothea Hoffmann: Die Geburt eines Stils. Der Einfluss des Basler Ausbildungsmodells auf die Schweizer Grafik. Zürich 2016.
29. Nagel / von Roda (‹… der Augenlust und dem Gemüth›), s. oben, Anm. 26.
30. Das oben in Anm. 3 genannte Buch diente als Basis für die Ausstellung ‹Burkhard Mangold 1873–1950. Rheinbilder. Basel, eine Stadt im Strom der Zeit›. Museum Kleines Klingental vom 15. Mai bis 8. August 2004.
31. o. V. [gez.: ay]: Kunstmaler Burkhard Mangold zum 70. Geburtstag. In: Basler Nachrichten. 9.9.1943.
32. Burkhard Mangold: Erinnerungen (nur für meine Kinder), o. J. [1950], o. S. Unveröffentlichtes Manuskript. Künstlernachlass, Basel.
33. Mangold äusserte sich über seinen Lehrer wie folgt: «Wenn auch Schider kein Pädagog im Geist unserer Zeit war, und das Schulehalten als ein notwendiges Übel für einen Künstler von seinen Qualitäten betrachtete, so war doch sein Unterricht anregend und zeugte ständig von seinem überlegenen Können. […] Seine Schüler haben später mit Leichtigkeit die Aufnahmeprüfungen in die Akademien der grossen Kunstzentren gemacht. Damals hatten wir keine Ahnung von seiner grossen Künstlerschaft.» Ebd.
34. Ebd.
35. Vgl. Offizieller Fest-Bericht der Basler Bundesfeier 1501–1901. Basel 1901. Siehe auch: Offizielles Festzugsalbum, hg. vom ‹Pressecomité›, nach Kostümskizzen von Karl Jauslin, Franz Krauss und Burkhard Mangold. In Steinzeichnung ausgeführt von Burkhard Mangold. Sowie der Leporello zum Festumzug der Basler Bundesfeier, 14. Juli 1901. Künstlernachlass, Basel.
36. Burkhard Mangold: Maler-Erinnerungen. In: Basler Jahrbuch 1948, S. 102–110. Bereits ein Jahr zuvor publizierte das ‹Basler Jahrbuch› einen von Mangold verfassten Nachruf auf den Künstler Paul Kammüller, in: Basler Jahrbuch 1947, S. 126–128.
37. Mangold (Maler-Erinnerungen), s. oben, Anm. 36.
38. Mangold (Erinnerungen [nur für meine Kinder]), s. oben, Anm. 32.
39. Ebd.
40. Otto Plattner: Erinnerungen an Burkhard Mangold. In: Basler Jahrbuch 1952, S. 166–175.
41. Die Angaben stammen aus Akten des Gotthelfschulhauses. Kopien davon wurden mir freundlicherweise zur Verfügung gestellt von Hans Rudolf Huber, Basel.
42. Beim tatsächlichen Diener Wettsteins handelte es sich um Hans Jäcklin, bekannt als ‹Giggishans›, dem sogar mehrfach ein Denkmal gesetzt wurde, literarisch in den Schilderungen des Bürgermeisters, bildlich auf einem Wandgemälde des Wettsteinhauses in Riehen (1654), an dem sich Mangold zweifellos orientierte. Dort erinnert heute zudem ein ‹Giggishans-Brunnen› an Wettsteins Faktotum. Berühmt wurde der Giggishans für sein häufiges Klagen und Lamentieren, nicht zuletzt aber auch dafür, dass er dem Wein sehr gerne zusprach.
43. Georg Germann: Die Basler Hauptpost. In: Unsere Kunstdenkmäler XXIII, 1972, Heft 4, S. 239–255. Vgl. auch Basler Denkmalpflege: Dossier über die Hauptpost, verfasst von E. Baumgartner, unveröffentlicht (2001).
44. Nagel / von Roda (‹… der Augenlust und dem Gemüth›), S. 215 f., s. oben, Anm. 26.
45. Die ehemalige Hauptpost wird seit Anfang 2023 durch das Basler Architekturbüro Herzog & de Meuron saniert und umgebaut. Die baukünstlerischen Ausstattungen sind integraler Bestandteil der als Baudenkmal geschützten Architektur. Mangolds Wandbilder, Glasmalereien und die dekorativen Elemente sollten dementsprechend erhalten bleiben.
46. Dossier Haus zum Wolf, Spalenberg 22. Basler Denkmalpflege: Fotoarchiv und Dokumentation.
47. Das Gebäude ist als ‹Haus zum Krayel› verzeichnet.
48. Plattner (Erinnerungen an Burkhard Mangold), S. 172, s. oben, Anm. 40.
49. Ebd.
50. Hortensia von Roda: Burkhard Mangolds Fresken am Haus zum Krayel (Restaurant Schuhmachernzunft) von 1926. In: Vom Gestern ins Heute, hg. von der E. Zunft zu Schuhmachern, Basel 1994, S. 145–159.
51. Vgl. Martin Möhle: Das Basler Rathaus. In: Kunst und Architektur in der Schweiz 65 (2014), Heft 4, S. 52–59.
52. Künstlernachlass, Basel.
53. Nagel / von Roda (‹… der Augenlust und dem Gemüth›), S. 133 ff., s. oben, Anm. 26. Mangold schuf auch Werke für Kirchen ausserhalb Basels, so etwa in Walenstadt SG, Gerlafingen SO, Stalden im Emmental BE, Hasle BE, Rupperswil AG und Kiental BE.
54. National-Zeitung. 20. Februar 1920.
55. Nagel / von Roda (‹… der Augenlust und dem Gemüth›), S. 217 ff., s. oben, Anm. 26.
56. So etwa ein grosses Oberlicht mit Tierkreiszeichen aus den Basler Centralhallen an der Streitgasse, wo sich einst im Obergeschoss auch ein Fresko Mangolds befand. Die Liegenschaft wurde 1961 abgebrochen. Ein Teil der Verglasung am Colmarer Bahnhof (1906) wurde im Krieg zerstört.
57. Diese Schau gab (allerdings erst retrospektiv gegen Ende der 1960er-Jahre) der damals aufgekommenen Kunstströmung die bis heute verwendete Bezeichnung Art déco. Vgl. dazu Norbert Wolf: Stil oder Mode?. In: Ders.: Art déco. München 2013, S. 22 ff.
58. Dargestellt sind die Steinenvorstadt, das Steinenkloster, die Elisabethenkapelle, das Leonhardskloster, der Eselsturm, das Steinentor, der Blömleinbrunnen, das Blömleintheater, die Blömleinkaserne, der untere Klosterberg, die Stänzlerbrücke, die Steinenbrücke, die Steinenmühle, das Steinenbachgässchen, der Birsig, die Bottenwagen (hiermit wurde das zur Bandfabrikation benötigte Material transportiert) und ein Treppenhaus. Ausführlich beschrieben in Nagel / von Roda (‹… der Augenlust und dem Gemüth›), S. 243 ff., s. oben, Anm. 26. Die in Tuschfeder und Aquarell ausgeführten Vorzeichnungen für die Steinenklösterli-Scheiben befinden sich im Staatsarchiv Basel-Stadt: SMM Inv.ST.1977.42.1-15. Die beeindruckenden originalen Glasfenster bewahrt die Warteck Invest AG in ihrem Archiv auf.
59. Nagel / von Roda (‹… der Augenlust und dem Gemüth›), S. 229 ff., s. oben, Anm. 26.
60. Ebd., S. 224 f.
61. Dorothea Hoffmann: Die Plakatkunst von Burkhard Mangold. In: Hoffmann (Die Geburt eines Stils), S. 123–134, S. 123, s. oben, Anm. 28.
62. Vgl. Tapan Bhattacharya: Burkhard Mangold. In: Das Plakat in der Schweiz. Schaffhausen u. a. 1990, S. 26–30, S. 27

63	Ebd.
64	Rolf Thalmann: Basel als Plakatstadt. In: Charles Stirnimann und Rolf Thalmann: Weltformat – Basler Zeitgeschichte im Plakat. Basel 2001, S. 64–71, S. 64.
65	Burkhard Mangold (1873–1950). Reihe ‹Schweizer Plakatgestalter› 1, Ausstellungskatalog Museum für Gestaltung Zürich / Gewerbemuseum Basel, Zürich/Basel 1984, S. 6.
66	Bhattacharya (Burkhard Mangold), S. 26, s. oben, Anm. 62.
67	Oskar Bätschmann / Thomas Bolt: Burkhard Mangolds Plakate: Elemente ihrer visuellen Sprache. In: Burkhard Mangold (1873–1950), S. 11, s. oben, Anm. 65.
68	Vgl. Vokner (Burkhard Mangold – Rheinbilder), S. 9, s. oben, Anm. 3.
69	Katharina Steffen-Mangold, die Enkelin des Künstlers, gewährte mir Einblick in die im Nachlass verbliebenen Werke.
70	Vgl. Burkhard Mangolds autobiografischen Abriss im Begleitheft zur Ausstellung ‹Hans Frei, Burkhard Mangold, Eugen Ammann›. Kunsthalle Basel, 21. August – 18. September 1943, S. 11–12, S. 11. Künstlernachlass, Basel.
71	Vgl. den Hinweis auf einem Kalenderblatt von 1926; zitiert im Textbeitrag von Robert Labhardt in diesem Buch, S. 34.
72	Zu Maeglin siehe vor allem: Galerie Knoell, Galerie Nicolas Krupp, Galerie Mueller (Hg.): Rudolf Maeglin – Maler/Painter. Basel 2021.
73	In einigen Archiven der Cliquen haben sich originale Entwürfe von Mangold erhalten. Ein Grossteil der Archivbestände des Central Club Basel 1911 ging am 29.12.1954 beim Dachstockbrand des Hotels Metropol am Barfüsserplatz verloren.
74	Siehe dazu Hans Bauer: Der Basler Arbeitsrappen. In: Basler Stadtbuch 1984, S. 113–120.
75	Peter Bollag: ‹Jüdische Weltverschwörung› als Fasnachtssujet. In: Neue Zürcher Zeitung. 27. Februar 2023, S. 8. Zur Diskussion über die Sans-Gêne-Laterne von 1923 siehe auch David Klein: Die Herren der Welt. In: Basler Zeitung. 19.9.2018.
76	W. Merian: Das künstlerische Leben in Basel vom 1. Oktober 1931 bis 30. September 1932. Ein Rückblick auf Theater, Musik und bildende Kunst. A. Theater. In: Basler Jahrbuch 1933, S. 225 f.
77	Mangold gestaltete Werbedrucksachen u. a. für die Basler Gewerbeausstellung 1901, das Kantonale Musikfest Basel-Stadt 1905, das Kantonale Schützenfest beider Basel und die St. Jakobsfeier des Jahres 1911. Er schuf eine sechs Motive umfassende Serie von Künstlerkarten für die Schweizerische Landesausstellung 1914 in Bern, den 1919 am Rheinknie abgehaltenen Schweizerischen Abstinententag, das Festspiel ‹Wettstein und Riehen› 1923 oder das XXV. Eidgenössische Sängerfest von 1935.
78	So für die Basler Konsum-Gesellschaft oder die Magazine zu den Vier Jahreszeiten in Bern und Luzern, das Zürcher Hotel und Restaurant Beatus, für den Baselbieter Mineralwasser-Hersteller Eptinger oder auch für Sandreuter & Lang, ein Basler Teppichgeschäft.
79	Plattner (Erinnerungen an Burkhard Mangold), S. 169, s. oben, Anm. 40.
80	Später Sanitas Troesch AG.
81	Moritz Otto von Lasser: Die künstlerische Reform der Drucksache: ‹Das Mono-System›. In: Deutsche Kunst und Dekoration. Bd. 20, Jg. 11, 1907, S. 300.
82	Rudolf Bernoulli: Neue Schweizer Plakate. In: Das Plakat. Zeitschrift des Vereins der Plakatfreunde e.V. Heft 11, Jg. 11, [Berlin] 1920, S. 495–504, S. 499 ff.
83	Plattner (Erinnerungen an Burkhard Mangold), S. 170, s. oben, Anm. 40.
84	Stickelberger war Unternehmer, Schriftsteller und Bibliophiler, Mitgründer des Deutschschweizer PEN-Clubs und Ehrenmitglied des Internationalen PEN-Clubs.
85	Karl Stiehl: Burkhard Mangold als Buchillustrator. In: Stultifera navis – Mitteilungsblatt der Schweizerischen Bibliophilen-Gesellschaft. Heft 1/2, Jg. 8, 1951, S. 41 ff.
86	Ebd., S. 44.
87	Eine ausführlichere Version dieses Textabschnitts ‹Buchschmuck und Illustrationen› erschien hier: Tilo Richter: Ein bekannter Unbekannter – Burkhard Mangold als Buchillustrator. In: Librarium. Zeitschrift der Schweizerischen Bibliophilen-Gesellschaft. Heft 1, Jg. 66, 2023, S. 45–55.
88	Dieser Beitrag basiert auf dem Exlibris von Burkhard Mangold aus der Sammlung von Katharina Steffen-Mangold, der Enkelin des Künstlers.
89	1981 veröffentlichte der Schweizerische Ex Libris Club (SELC) eine von der Sammlerin Ruth Irlet zusammengestellte Liste der Exlibris von Burkhard Mangold; sie umfasst 101 Nummern mit Datierungen zwischen 1904 und 1946 (im Folgenden angegeben als WV 1981). Die Liste enthält Angaben zu Technik und Datierungen, die in den meisten Fällen geschätzt werden mussten (unveröffentlichtes Typoskript, S. 5). Zu Stickelberger vgl. Thomas K. Kuhn: Emanuel Stickelberger. In: Historisches Lexikon der Schweiz (11.9.2012), https://hls-dhs-dss.ch/de/articles/010860/2012-09-11/ (abgerufen am 1.11.2022). Der 1968 gegründete SELC, der sich auch als Nachfolgeorganisation des Ex Libris-Club Basilea (1901–1907) versteht, plant für 2024, einen von Jochen Hesse verfassten Katalog der Exlibris von Mangold zu veröffentlichen.
90	Bei dem Adressaten des Exlibris handelt es sich um den langjährigen Kurdirektor von Davos, für das Mangold mehrere Tourismusplakate schuf (Abb. 126, 127, 263). Zu Valär vgl. Adolf Collenberg: Hans Valär. In: Historisches Lexikon der Schweiz (29.6.2012), https://hls-dhs-dss.ch/de/articles/012363/2012-06-29/ (abgerufen am 1.11.2022).
91	Die Glücksgöttin Fortuna wird oft auf einer Kugel dargestellt, um die Veränderlichkeit des Schicksals zu zeigen. In Jesu Gleichnis von den klugen und törichten Jungfrauen (Matthäus 25, 1–13) geht es um die Vorbereitung auf das Reich Gottes. Während die Lampen der Törichten beim Warten auf den Bräutigam verlöschen, weil ihnen das Öl ausging, haben die Klugen mit Vorrat vorgesorgt. In einigen Bildern schützen die klugen Jungfrauen die Flamme mit der Hand.
92	Vgl. Christian Baertschi: Jakob Sulzer-Imhoof. In: Historisches Lexikon der Schweiz (12.10.2011), https://hls-dhs-dss.ch/de/articles/031685/2011-10-12/ (abgerufen am 1.11.2022).
93	Die Vorlesung fand am 2. Juli 1912 statt, vgl. Basler Chronik, Eintrag zum 2.7.1912, siehe: www.baslerstadtbuch.ch (abgerufen am 1.11.2022).
94	Zu Anklin vgl. Victor Conzemius: Marie Margaretha Anklin. In: Historisches Lexikon der Schweiz (17.07.2001), https://hls-dhs-dss.ch/de/articles/023280/2001-07-17/ (abgerufen am 1.11.2022).
95	1. Samuel 16,23: «Sooft nun der böse Geist von Gott über Saul kam, nahm David die Harfe und spielte darauf mit seiner Hand. So wurde es Saul leichter, und es ward besser mit ihm, und der böse Geist wich von ihm.»
96	Neben dem Holzschnitt bediente sich Mangold auch fotochemisch hergestellter Druckformen für den Hochdruck, sogenannter Clichés bzw. Klischees. Unter den Lithografien finden sich auch Umdruck- oder Fotolithografien. Eine genauere Bestimmung der Drucktechniken wird für den Mangold-Werkkatalog des SELC vorgenommen (vgl. Anm. 89).

Burkhard Mangold

10.9.1873	Burkhard Mangold wird in Basel geboren und wächst an der Wallstrasse auf
1889	vierjährige Ausbildung an der Allgemeinen Gewerbeschule Basel (AGS), u.a. bei Fritz Schider
1890–1893	Lehre als Dekorationsmaler
1894	Aufenthalt in Paris
1894–1900	Aufenthalt in München, Studium an der Malschule von Friedrich Fehr; Mangold beschäftigt sich vor allem mit grafischen Techniken. Kurze Lehrtätigkeit an der städtischen Malschule. Zusammen mit zwei Freunden unterhält er ein Atelier für dekorative Kunst
1896	Auftrag von König Carol I. von Rumänien zur Bemalung eines Teils der Fassade von Schloss Peles in der Nähe von Bukarest
1900	Rückkehr nach Basel: Atelier in der Bachlettenstrasse 70
	Mangold heiratet Katharina Krauss
1901	Festspiel zu Basels Eintritt in die Eidgenossenschaft, 400-Jahr-Feier: Illustration des Festführers und des Festberichts, Entwürfe für Bühnenbild und Kostüme
ab 1903	zahlreiche Wandmalereien, Fassadengestaltungen, Glasmalereien, vor allem in Basel
1905	Prämierung des Plakatentwurfs für das Eidgenössische Sängerfest in Zürich: Anerkennung als angesehener Plakatkünstler
1909–1911	Mitglied der Eidgenössischen Kunstkommission, 1909/10 deren Präsident
1915–1918	Lehrer für Lithografie und Glasmalerei an der AGS
1918/19	Präsident der Kommission der AGS und des Gewerbemuseums
1931	Tod des ältesten Sohnes Burkhard
1940	Tod seiner Frau Katharina
1943	Jubiläumsausstellung zum 70. Geburtstag in der Kunsthalle Basel. Über viele Jahre verbindet ihn Freundschaft und Zusammenarbeit mit Basler Künstlern, namentlich mit Franz Baur und Otto Plattner
17.10.1950	Burkhard Mangold stirbt und wird im Familiengrab auf dem Wolfgottesacker Basel beigesetzt

«Anno 73 geboren,
in der Schule, teils an den Ohren,
durch das Jugendland geführt,
einige Lust zum Zeichnen verspürt,
die durch Fritz Schider und seine Kollegen,
sorglich gefördert auf weiteren Wegen.
Als Malerlehrbub lernte ich tünchen,
denn, erst in Paris und später in München,
unter moralischen und anderen Qualen,
lernte ich einigermassen malen,
sucht später in Basel zu verbessern,
andere sagen zwar: zu verwässern,
was in der Fremde ich mühsam errafft,
so geht's, wenn für's tägliche Brot man schafft.
Ab und zu ist mir etwas gelungen,
doch kam's meist von selbst, ich hab's nicht errungen,
öfter aber geriet es mir nicht.
Das, kurz gesagt, meine Lebensgeschicht.
Und das Resultat von all dem Bemühen?
In meinem Garten kam wenig zum Blühen.
Das weist, was jetzt in der der Kunsthalle hängt:
meist wird es nicht viel, wenn man es erzwängt.
Ihr ergebener BM.»

Von Burkhard Mangold 1943 verfasste ‹Lebensbahn›, niedergeschrieben für den Katalog der Ausstellung zu seinem 70. Geburtstag in der Kunsthalle Basel, dort aber nicht veröffentlicht. Zitiert nach: Basler Jahrbuch 1952, S. 165.

Bildnachweis

Central Club Basel 1911: 165, 166, 167, 168
Basler Mittwoch-Gesellschaft: 160, 161
Basler Stadtbuch 1952: 142
E. E. Zunft zu Fischern: 16, 190
ETH Zürich: 77
Galerie 123, Genf: 31
Historisches Museum Basel: 2, 10, 11, 24, 25, 26, 27, 39, 90, 91, 92, 93, 94, 95, 96, 97, 98, 253, 256, 257, 258, 259, 260, 261
Kantonale Denkmalpflege Basel-Stadt: 58
Kantonale Denkmalpflege Basel-Stadt (Fotos: Erik Schmidt): 42, 56, 59, 64, 66, 67, 72, 73, 75, 76
Kunstkredit Basel-Stadt: 143
Künstlernachlass Burkhard Mangold, Basel: 1, 4, 5, 6, 7, 9, 15, 18, 20, 23, 35, 40, 41, 43, 44, 45, 46, 47, 48, 49, 57, 63, 68, 69, 70, 71, 78, 79, 80, 81, 87, 88, 89, 109, 125, 129, 130, 131, 132, 133, 136, 137, 138, 139, 144, 146, 147, 148, 149, 150, 151, 152, 153, 154, 156, 157, 158, 159, 163, 164, 169, 178, 179, 180, 181, 182, 186, 187, 188, 191, 192, 193, 194, 195, 196, 197, 198, 199, 200, 201, 202, 203, 204, 205, 206, 208, 209–236, 237–249, 250, 254, 255, 266
Kunstmuseum Basel: 140
Kunstsammlung der F. Hoffmann-La Roche Ltd, Basel: 36, 37, 38
Museum für Gestaltung Zürich, Plakatsammlung, Zürcher Hochschule der Künste: 118
Thomas und Monika Pfister-Crestani, Seuzach: 99
Plakatsammlung der Schule für Gestaltung, Basel: 3, 17, 19, 21, 22, 28, 29, 30, 32, 100, 101, 102, 103, 104, 105, 106, 108, 110, 111, 112, 113, 114, 115, 116, 117, 119, 120, 121, 122, 123, 124, 126, 127, 184, 189, 207, 252, 262, 263, 264, 265
Privatsammlung, Basel: 128
Tilo Richter, Basel: 8, 12, 13, 14, 50, 51, 52, 53, 54, 55, 60, 61, 62, 65, 155, 162, 170, 171, 172, 173, 174, 175, 176, 177, 183, 185
Robert Schibli, Riehen: 134, 135, 141
Staatsarchiv Basel-Stadt: 33 (SMM Inv.ST.1971.200), 34 (BILD 3, 1879), 74 (NEG 5878, Fotoarchiv Wolf), 145 (BSL 1060c 3/10/9B, Foto: Lothar Jeck)
Andrea Vokner, Basel: 107 (zugleich Abb. auf dem Einband)
Warteck Invest AG, Basel (Fotos: Daniel Spehr): 82, 83, 84, 85, 86
Druckerei J. E. Wolfensberger, Birmensdorf: 251

Autorinnen und Autoren

Robert Labhardt
Jg. 1947, Dr. phil., ehemaliger Gymnasiallehrer und Geschichtsdidaktiker; forscht und publiziert seit 2004 zur Basler Geschichte des 18. bis 20. Jahrhunderts; seit 2011 Mitarbeit an der neuen Basler Stadtgeschichte; Präsident des Vereins Basler Geschichte.

Dominique Mollet
Jg. 1959, Master of Arts, Kunsthistoriker und Publizist; seit 1997 Inhaber von Cadeaux Communication, strategische Kommunikation; Organisator von Kulturveranstaltungen, Kurator und Autor. www.dominiquemollet.ch

Tilo Richter
Jg. 1968, Dr. sc. techn., Kunst- und Architekturhistoriker; seit 1994 freier Autor und Herausgeber, Gestalter und Kurator; seit 2015 Redaktor Basler Stadtbuch; 2020 Gründungsmitglied des Vereins Burkhard Mangold Basel. www.trichter.de

Katharina Steffen-Mangold
Jg. 1947, Enkelin des Künstlers; Mittellehrerausbildung in Deutsch, Latein und Musik; Klavierstudium und Unterrichtstätigkeit an den Gymnasien Bäumlihof und Liestal sowie 1978–2009 an der Musik-Akademie Basel; Präsidentin des ehemaligen Lehrerinnenvereins; Initiantin und Präsidentin des Vereins Burkhard Mangold Basel.

Charles Stirnimann
Jg. 1954, Dr. phil., promovierte als Historiker zur Geschichte des Roten Basel; bis 2017 Leiter des Amts für Ausbildungsbeiträge Basel-Stadt; seither als freischaffender Historiker mit dem Schwerpunkt Sozial- und Kulturgeschichte des 20. Jahrhunderts tätig.

Andrea Vokner
Jg. 1965, lic phil., Kunsthistorikerin und Germanistin, Autorin, Kuratorin und Gymnasiallehrerin; 2003 ‹Burkhard Mangold – Rheinbilder› (Christoph Merian Verlag); 2004 ‹Burkhard Mangold – Rheinbilder. Basel, eine Stadt im Strom der Zeit› (Museum Kleines Klingental); 2020 Gründungsmitglied des Vereins Burkhard Mangold Basel.

Marianne Wackernagel
Jg. 1967, lic. phil., Kunsthistorikerin; 1994–1999 Junior Curator Kupferstichkabinett Kunstmuseum Basel; 1999–2011 Lektorin, 2011–2016 Co-Leiterin Schwabe Verlag Basel; 2017–2021 Leiterin Graphische Sammlung Kunstmuseum Bern; 2017 Gründung des Colmena Verlags; seit 2023 Leiterin Wissenschaftsforum Schweizerisches Institut für Kunstwissenschaft Zürich.

Isabel Zürcher
Jg. 1970, lic. phil., Kunsthistorikerin, Autorin, Redaktorin, Projektleiterin in Basel; sie schreibt für Kunstschaffende wie für Fachmedien und berät öffentliche Bauherrschaften in Sachen Kunst. www.isabel-zuercher.ch

Dank

Der Verein Burkhard Mangold Basel dankt seinen Gönnerinnen und Gönnern sowie den Vereinsmitgliedern herzlich für das Vertrauen sowie die grosszügigen Spenden und Beiträge. Daneben gilt folgenden Institutionen, Stiftungen und Unternehmen ein grosser Dank für die finanzielle Unterstützung, ohne die dieses Projekt nicht hätte realisiert werden können: Swisslos-Fonds Basel-Stadt, Claire Sturzenegger-Jeanfavre Stiftung, Ernst Göhner Stiftung, Sulger-Stiftung, E. E. Zunft zu Rebleuten, Koller Auktionen Zürich, Vista Augenpraxen & Kliniken, Warteck Invest AG, E. E. Zunft zu Fischern, Kostüm Kaiser Aesch sowie eine nicht genannt sein wollende private Stiftung.

Gedruckt mit Unterstützung der Berta Hess-Cohn Stiftung, Basel.

Die Redaktion dankt folgenden Personen für wertvolle Hinweise zu Leben und Werk von Burkhard Mangold sowie den Zugang zu Archiven und Sammlungen: Georg Birkner, Basel; Stefan Bürer, Patrick Moser, Gudrun Piller, Margret Ribbert und Daniel Suter, Historisches Museum Basel; Christoph Bürgin, Central Club Basel 1911; Cornelia Dietschi Schmid, Kunstsammlung der F. Hoffmann-La Roche Ltd; Alain Grimm, Grimm Kultur & Management GmbH, Basel; Jochen Hesse, Zentralbibliothek Zürich; Pascal Joray, Basler Künstler-Gesellschaft; Susanne Lerch, Kompetenzen Kunstwissenschaft GmbH, Schwarzenburg; Philipp Messner, Plakatsammlung der Schule für Gestaltung Basel; Daniel Petitjean, Warteck Invest AG, Basel; Monika und Thomas Pfister-Crestani, Seuzach; André Salvisberg, Christoph Merian Stiftung; Wolfram Schneider-Lastin, swissedit, Zürich; Daniela Schwab, Landesmuseum Zürich; Armin Vogt, Rappaz Museum Basel; Benni und Thomi Wolfensberger, J. E. Wolfensberger AG, Birmensdorf; Albi Wuhrmann, Verein Jakob Strasser Kunstmaler, Rheinfelden; Meta Zweifel, Münchenstein.

Für vertrauensvolle Leihgaben zu den beiden Jubiläumsausstellungen dankt der Verein diesen Institutionen, Unternehmen und Privatpersonen: Central Club Basel 1911, Kunstsammlung der Christoph Merian Stiftung, Kunstsammlung der F. Hoffmann-La Roche Ltd, Historisches Museum Basel, Landesmuseum Zürich, Thomas und Monika Pfister-Crestani, Robert Schibli, Plakatsammlung der Schule für Gestaltung Basel, Warteck Invest AG.

Diese Publikation begleitet die Ausstellungen zum 150. Geburtstag von Burkhard Mangold im Rappaz Museum und im kHaus, Basel, 1. bis 17. September 2023.
www.burkhardmangold.ch

Impressum

Bibliografische Information der Deutschen Nationalbibliothek: Die Deutsche Nationalbibliothek verzeichnet diese Publikation in der Deutschen Nationalbibliografie; detaillierte bibliografische Daten sind im Internet über http://dnb.dnb.de abrufbar.

© 2023 Christoph Merian Verlag

Alle Rechte vorbehalten; kein Teil dieses Werkes darf in irgendeiner Form ohne vorherige schriftliche Genehmigung des Verlags reproduziert oder unter Verwendung elektronischer Systeme verarbeitet, vervielfältigt oder verbreitet werden.

Herausgeber: Verein Burkhard Mangold Basel
Textredaktion: Tilo Richter und
    Katharina Steffen-Mangold, Basel
Bildredaktion: Tilo Richter, Basel
Lektorat: Karoline Mueller-Stahl, Leipzig
Korrektorat: Christian Bertin, Basel
Gestaltung und Satz: Lena Lüem und Dominique Berrel,
    Biest, Basel
Bildbearbeitung und Druck: J. E. Wolfensberger AG,
    Birmensdorf
Bindung: Bubu AG, Mönchaltorf
Schriften: TRJN Da Vinci, Selecta
Papiere: Genesis, Colorplan Sandgrain

ISBN 978-3-85616-996-1
www.merianverlag.ch

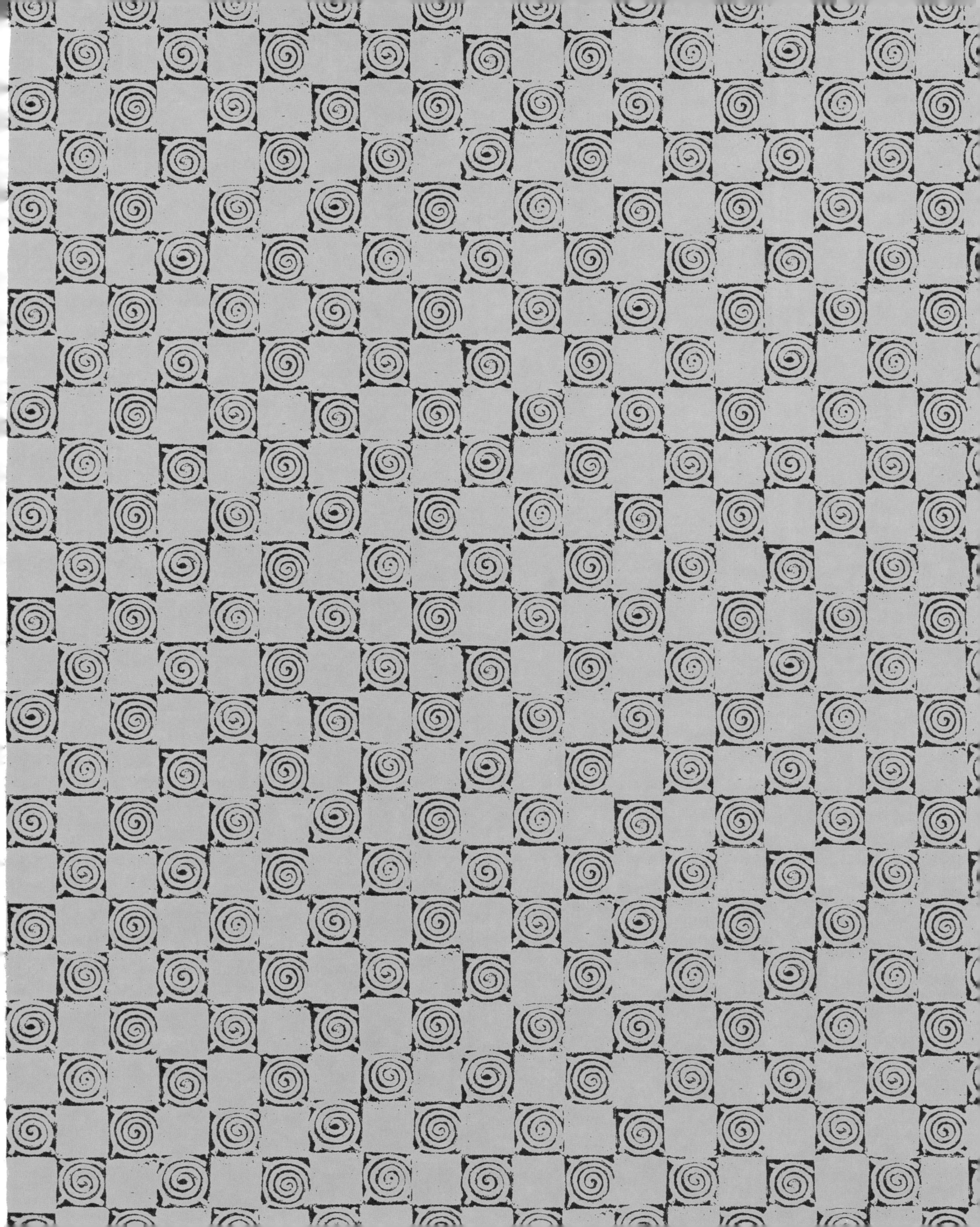

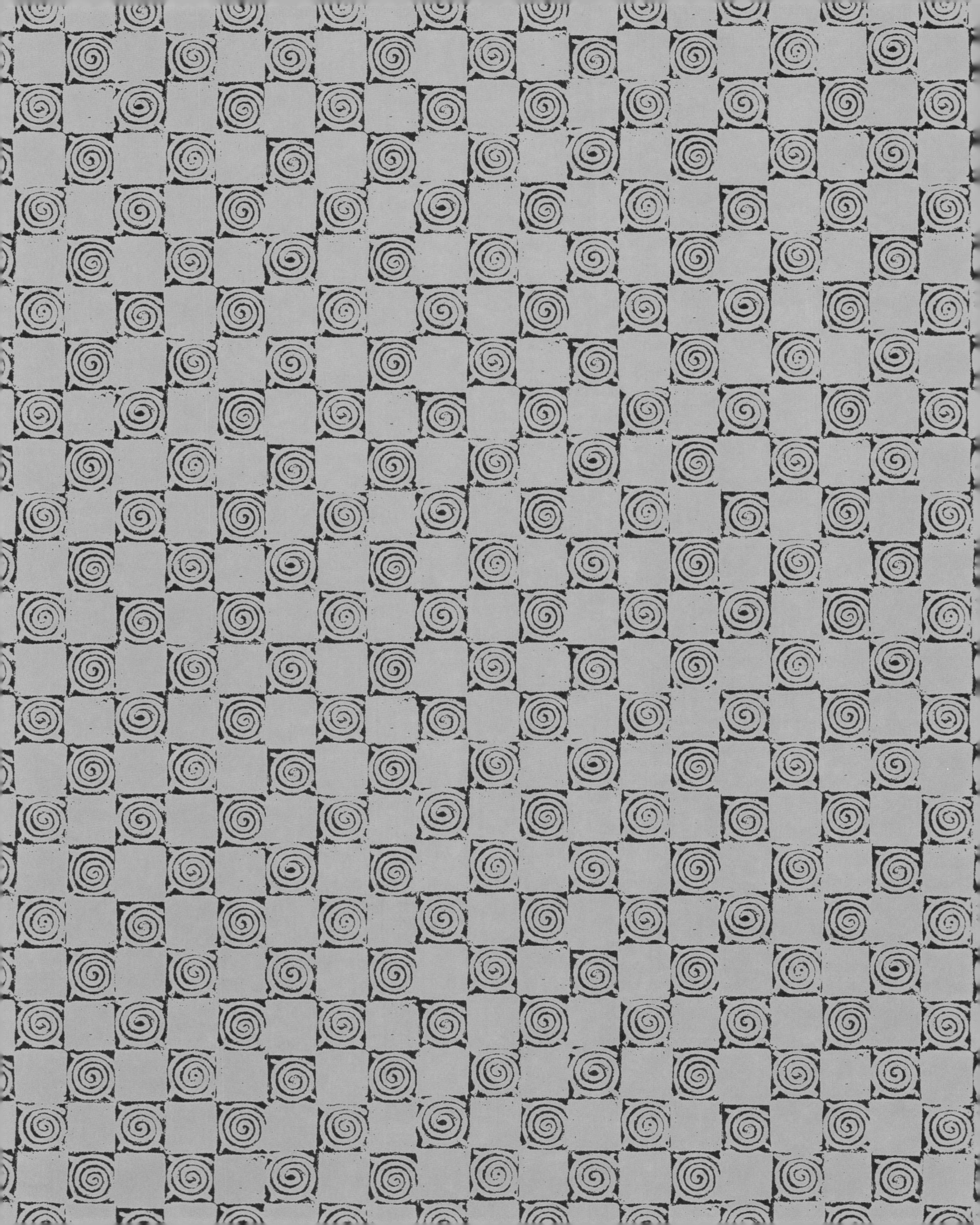